Google流資料作成術

storytelling
with data

コール・ヌッスバウマー・ナフリック

村井瑞枝 訳

日本実業出版社

STORYTELLING WITH DATA
by
Cole Nussbaumer Knaflic

Copyright © 2015 by Cole Nussbaumer Knaflic.
All Rights Reserved.

Japanese translation published by arrangement with
John Wiley & Sons International Rights, Inc.
through the English Agency (Japan) Ltd.

contents

	序文	2
	イントロダクション	4
第1章	コンテキストを理解する	21
第2章	相手に伝わりやすい表現を選ぶ	37
第3章	不必要な要素を取りのぞく	71
第4章	相手の注意をひきつける	99
第5章	デザイナーのように考える	127
第6章	モデルケースを分解する	155
第7章	ストーリーを伝える	169
第8章	さあ、全体をまとめよう	193
第9章	ケーススタディ	213
第10章	最後に	251
	ビブリオグラフィ	267

序文

「パワー（権力）は堕落する。パワーポイントも同じである」
—— エドワード・タフテ、イェール大学名誉教授

　私たちは、これまで「ひどいプレゼンテーション」に苦しめられてきました。フォント、色、箇条書き、無駄な強調などによって、混沌としたプレゼンテーション。伝えるべき情報を伝えられないグラフは、相手に誤解を与え、混乱させます。

　いまや表やグラフを作るのが簡単すぎるのかもしれません。昔の人（それは私のことかもしれませんが）は、咳払いをしながらこう言うでしょう。
「私の時代は、手で絵を描いていた。紙やペンを使う前に『考える』ことを必要としたものだ」と。
　世界中のあらゆる情報が、クリック1つで入手できるようになっても、コミュニケーションが簡単になったわけではありません。実際はより難しくなっています。情報が多ければ多いほど、不要なものをふるい落とし、本当に重要なものを見つけるのがより難しくなるからです。

著者コール・ヌッスバウマー・ナフリックについて

　私がコールと出会ったのは2007年の後半のことでした。グーグルでピープル・オペレーションズ・チームが発足する1年前に、私はグーグルの人材チームで働き始めました。採用されてすぐに、商品やサービスを革新するのと同じぐらい、人材面でもイノベーションが必要だと感じました。そのためには、人材分析チームが不可欠だと確信しました。
　コールには、物事をわかりやすく表現する才能がありました。
　たとえば、すばらしいマネジャーと出来の悪いマネジャーの何が違うのか、といった難しい内容を分析するように言われたときも、反論の余地がないほど、簡潔にわかりやすく表現してくれました。

彼女は「データを飾りすぎない（きれいなクリップアートやイメージ、フォントなどよりも、メッセージに集中すること）」、そして「シンプルさはセクシーさに勝つ（きれいなグラフを描くことよりも、ストーリーを語ることが重要）」という明確なガイドラインを持っていました。

グーグルで、コールは自身が開発したデータビジュアライゼーションのコースを6年間で50回以上も教えました。その後、「ひどいパワーポイントスライドをこの世からなくす」というミッションに向けてグーグルを旅立ちました。もしあなたが「ひどいパワーポイント」がたいした問題ではないと思っているなら、それは間違いです。グーグルで「PowerPoint kills（ひどいパワーポイント）」で検索すると、50万件以上もヒットします！

コールは「データを使ってストーリーを語る技術」で、エドワード・タフテのようなデータビジュアライゼーションの先駆者たちの仕事に、最新のノウハウを補完しました。彼女は、世の中で最もデータ主導型の組織と、最もミッションを重視しデータを使わない組織の両方で働いてきました。そのどちらでも、優れたデータビジュアライゼーションのスキルによって、貢献してきたのです。

彼女は、楽しく、手に取りやすく、すばらしく実用的な本を書いてくれました。この本を読めば、情報から不要なものを取りのぞき、伝えたいことをよりうまく伝えられるようになります。現代に生きる私たちにとって、それはとても重要なことです。

2015年5月 ラズロ・ボック
グーグルシニアバイスプレジデント
ピープル・オペレーションズ・チーム
『ワーク・ルールズ!』著者

イントロダクション

なぜ、知識人でさえ、ひどいグラフを作るのか？

仕事をしていると、たくさんのひどいグラフを目にします（よいグラフとひどいグラフを一度識別できるようになると、気づかないようにするのは難しいものです）。

ひどいグラフを作ろうなどとは誰も思ってはいません。

しかし、あらゆる業界の、あらゆる企業の、あらゆるタイプの人がひどいグラフを作ります。マスメディアでも、ひどいグラフが氾濫しています。知識人だと思われている人々でさえ、ひどいグラフを作ります。それはいったいなぜなのでしょうか？

よい意思決定にはデータの可視化・ストーリー化が不可欠

私たちは学校で、国語と数学を学びます。国語では、単語を文章にし、そしてストーリーにする方法を学びます。数学では、数字を理解する方法を学びます。しかし、この２つを組み合わせて学ぶことはまれです。数字を使ってストーリーを伝える方法は誰も教えてくれません。残念なことに、そもそもこの領域に精通している人がとても少ないのです。

より多くのデータを集められるようになっている現在、データを理解する必要性も高まっています。データを可視化し、ストーリーを語る能力は、よりよい意思決定を導くための鍵なのです。

ITの発展によって、多くの情報にアクセスできるようになり、膨大なデータを扱うツールも生み出されました。エクセルなどのソフトを使って、誰でも簡単にグラフを作ることができます。よく考えてみると、この状況は目を見張るべきものです。これまでグラフを作成するという行為は、科学者やほかの高度な専門職に限られていたからです。

ITの発達によって、データを扱うソフトウェアの性能が向上し、デー

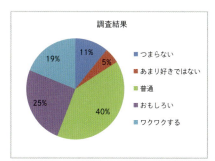

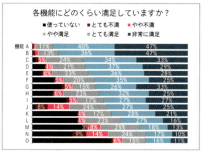
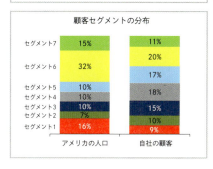
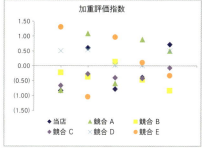

図 0.1　伝わりにくいグラフの例

タにアクセスしやすくなっている一方で、問題も存在します。

　たとえば、エクセルにデータを入力してグラフを作るとします。だいたいの人は、これだけでデータビジュアライゼーションの作業を終了します。これは、興味深いストーリーをまったくつまらないものに、場合によっては、理解できないものにしてしまう可能性があります。

　データにはストーリーがあります。しかし、ツールだけではそれを読み解くことはできません。そこで、情報のアナリストであり、コミュニケーターでもあるあなたが、視覚的かつ文脈的にストーリーを表現する必要があります。

　これが本書の主題です。これから紹介する例は、この本で学ぶことのイメージを持ってもらうためのものです。

　この本を読めば、ただデータを見せるだけから、**データを使ってストーリーを語れる**ようになります。

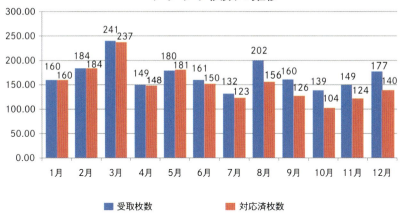

図 0.2　サンプル 1（修正前）：データを見せるだけ

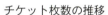

2人のフルタイムスタッフの雇用をご承認ください
昨年辞めたスタッフの補充分として

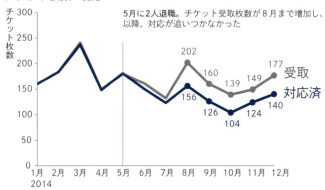

出所：XYZダッシュボード　2014年12月31日現在　｜　1人あたり対応したチケット数とかかった時間に関する詳細分析も必要に応じて提供可能

図 0.3　サンプル 1（修正後）：データでストーリーを語る

調査結果：夏期理科自習プログラム

参加前：理科に対して
どのような印象を持っていますか

参加後：理科に対して
どのような印象を持っていますか

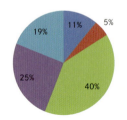
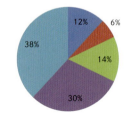

図 0.4　サンプル 2（修正前）：データを見せるだけ

⬇

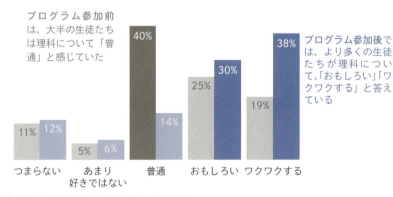

図 0.5　サンプル 2（修正後）：データでストーリーを語る

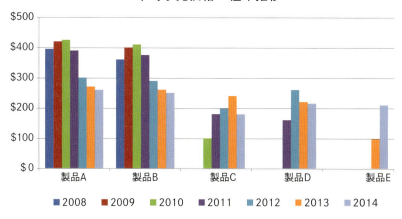

図0.6　サンプル2（修正前）：データを見せるだけ

↓

**競争力を持つためには、平均の$223より下の
$150-$200の間で製品を発売すべき**

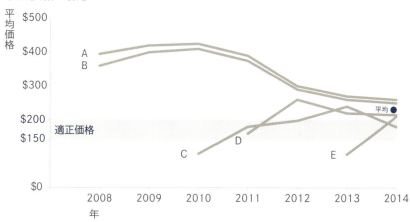

図0.7　サンプル2（修正後）：データをもとにストーリーを語る

イントロダクション　9

この本は誰に向けて書かれたか

　この本は、何かを伝える必要があるすべての人に向けて書きました。

　たとえば、仕事の成果を共有する必要があるアナリスト、卒論のデータを上手に見せたい学生、データを使ってコミュニケーションをとる必要があると思っているマネジャー、成果を証明したいNPO、役員に報告する管理職たちなどです（もちろんここにあげた人に限定されません）。

　私は、誰でもデータを使って効果的に伝える技術を向上させることができると信じています。この分野に対して苦手意識を持つ必要はないのです。

　もし、上司から突然「データを見せること」を求められたら、あなたはどのように感じますか？　何から始めればよいかわからず、不安な気持ちになるでしょうか？　もしくは、どんな質問にでも答えられるよう準備しなければいけないと感じ、圧倒されてしまうでしょうか？

　もしかしたら、あなたはすでにある程度の知識を持っていて、自分のグラフやストーリーを1つ上のレベルへ引き上げたいと考えているかもしれません。

「データを見せてほしい」と言われたときに感じる気持ちについてツイッターで簡易アンケートをとった結果、以下のような声が多く見られました。

「すべてを伝えられないように感じて、イライラする」
「そのデータを必要としているすべての人に対して、わかりやすくデータを見せなければいけないというプレッシャーを感じる」
「x、yに分けてなどもう少し具体的に指示してもらう必要がある」

　データにもとづく意思決定のニーズが高まっているいま、データを使ってストーリーを語るスキルは、よりいっそう重要になっています。効果的なデータビジュアライゼーションは、たとえば研究成果の発表、

NPOのための資金集め、役員へのプレゼンテーションなどのさまざまな場面で、相手に自分の言いたいことを理解してもらうための鍵となります。

　しかし、データを使って効果的に伝えることが必要だと理解してはいるものの、この分野では経験不足だと感じる人も多いようです。

　たしかに、データビジュアライゼーションに長けた人を見つけるのは至難の業です。それはデータビジュアライゼーションが、分析のプロセスの一部だからです。

　分析の専門家たちは、一般的に理数系の専門知識を持ち、データをまとめ、分析し、計算モデルを作るのに長けています。ただし、その分析を相手にわかりやすく伝えるデザインのトレーニングを受けているわけではありません。最終成果物である資料が、分析のプロセスで唯一相手が見るところであるにもかかわらず、です。かつてないほどにデータ主導の世の中になっているいま、技術的な専門知識のない人たちもまた、データを使って分析し、伝えることが求められているのです。

　先述したように、ほとんどの人は、データを使ったコミュニケーションの方法をきちんと教えられていませんから、苦手だと感じているとしても驚くことではありません。データコミュニケーションの優れたスキルを持つ人は、何がうまくいって、何がだめなのか試行錯誤を繰り返してきたに過ぎないのです。それは1人で行なうには長く面倒なプロセスです。しかし、本書がそのプロセスを短縮します。

イントロダクション　11

グーグルで研鑽した「ストーリーテリング」の技術

　数学とビジネスが交わる分野に、私はいつも魅了されてきました。大学でも、数学とビジネスを専攻しました。まったく異なる分野でしたが、結果として、両方の分野の人たちとうまくコミュニケーションをとり、お互いをよりよく理解する橋渡しができるようになりました。私はデータを活用して意思決定を支援することが得意です。時間が経つにつれ、データをビジュアルで効果的に伝えることが、成功への鍵だとわかってきました。

　大学を卒業して就いた最初の仕事で、データビジュアライゼーションのスキルの重要性を認識しました。私は金融機関でクレジットリスクマネジメントのアナリストとして働いていました。

　私の仕事は、債務不履行や損失を予測する統計モデルを構築することでした。簡単にいうと、複雑なものを、単純なコミュニケーションに落とし込む仕事です。具体的には、予想される損失に対する引当金が十分かどうか、どのようなシナリオのときにリスクがあるのか、というようなことを説明するのです。同僚たちは必ずしもそうしていませんでしたが、分析の見せ方を工夫すると、自分の作成した資料が上司やさらにその上司の注目を集めることを学びました。この経験が、ビジュアルコミュニケーションの価値を認識したきっかけでした。

　金融機関でクレジットリスクや、不正防止、オペレーションマネジメントなどいくつかのポジションを担当したのち、プライベートエクイティ（投資会社）で数年勤務しました。そして、金融以外の分野で自分のキャリアを見つけたいと思うようになり、自分のスキルと興味について考えました。私はデータを活用して、ビジネスの意思決定に影響を与える仕事がしたいと思ったのです。

　そしてグーグルに入社し、ピープル・アナリティクスのチームに入り

ました。ピープル・アナリティクスは、グーグルの人事部門内にある
データ分析チームです。このチームの目的は、データにもとづいて、
グーグルの現在、そして将来の従業員に関わる意思決定を行なうように
することです。

グーグルはデータ主導型組織です。通常はほとんどデータを使わない
ような分野、つまり人事にもデータと分析を用います。

グーグルは、データを使ってストーリーを語るスキルに磨きをかける
には最高の場でした。効果的に人を採用し、従業員をやる気にし、効率
の高いチームを構築し、才能ある人材に働き続けてもらうためにデータ
と分析を駆使するのです。グーグルのピープル・アナリティクスはその
分野の先駆者でした。

Project Oxygen（プロジェクトオキシジェン）:「よい上司」の 条件に関する分析

Project Oxygen（＊）は世間でも注目された、よい管理職の条
件に関するグーグルのリサーチプロジェクト（＊グーグルがよ
いマネジャーは何をしているのかを探るために実施した、社員に対
する詳細な調査と、そのデータ解析をふくむリサーチプロジェクト）
です。「Project Oxygen」はニューヨーク・タイムズ紙にとりあげ
られ、ハーバード・ビジネス・レビューの人気ケーススタディにも
なりました。

　私はリサーチの結果をまとめる段階でこのプロジェクトに関わり
ました。「Project Oxygen」で行なったチャレンジは、さまざまな
人に分析結果をどのように伝えるのかということでした。その方法
論自体に懐疑的なエンジニアたちは、詳細まで知りたがっていまし
たし、経営陣は全体像と活用方法を知りたがっていました。エンジ
ニアの詳細を知りたいという希望を満たしつつ、経営陣にとっても
わかりやすく意味のある形で伝える必要がありました。それを実現
するために、この本で紹介する多くのコンセプトを活用しました。

イントロダクション　13

さらに、私にとって大きな転機は、ピープル・オペレーションズ・チームで、データビジュアライゼーション研修の開発担当になったことです。効果的なデータビジュアライゼーションの原理を学び、研究し、自分が長年にわたって試行錯誤してたどりついた方法が、なぜ効果的であったかという理由を理解する機会となりました。この研究にもとづいて、データビジュアライゼーションのコースを開発し、最終的にグーグル全社で展開することになりました。

　このデータビジュアライゼーションのコースは、グーグル社内だけでなく外部でも話題になりました。そして、私はデータビジュアライゼーションに関するイベントやいくつかの非営利団体で話をする機会を得ました。評判は広がり、データを効果的に伝える方法についてガイダンスが欲しい、さまざまな企業から連絡がくるようになりました。

　この分野でのニーズは、グーグルに限ったものではありません。ビジネスパーソンであれば誰でも、データを使って効果的にコミュニケーションをとることができれば、よりよい結果を出せます。仕事の空き時間を使って、会議や組織でスピーカーとして活動したのち、「データを使ってストーリーを伝える方法を多くの人に教える」という新たな目標のために、私はグーグルを去りました。

　私は過去数年間、アメリカおよびヨーロッパで100を超える組織を対象としてワークショップを開いてきました。そして興味深いのは、この分野に対するニーズは、特定の産業や役職に限定されないことです。私のクライアントは、コンサルティング、消費財、教育、金融サービス、政府系、医療分野、非営利団体、小売、スタートアップ、そして最先端技術分野などさまざまな業界にまたがっています。毎日のようにデータを扱っているアナリストや、分析の専門家ではないけれどたまに仕事でデータを使う必要のある人、データを使って部下を教育したりフィードバックしたりするマネジャー、そして役員に四半期ごとの業績を報告す

る管理職などが含まれます。

　これまでの仕事を通して、私はさまざまなデータビジュアライゼーションの課題を目にしてきました。その結果、この分野で求められているデータビジュアライゼーションのスキルが、特定の業界や役割に限定されない、基本的なものだと理解しています。また、ワークショップの参加者からの高い評価やその後のフォローアップの依頼から、このスキルは効果的に学習できるものであることもわかりました。私がワークショップで教えるレッスンを体系化したものこそ、この本でお伝えしたい内容です。

データを使ってストーリーを語るための6つのレッスン

　私のワークショップは、5つの重要なレッスンで構成されています。この本の大きな利点はワークショップのような時間制限がないことです。そこで、私がいつも伝えたいと思っていた「デザイナーのように考える」という6つめのボーナスレッスンを用意しました。そしてより多くのビフォーアフターの例や、細かいステップ・バイ・ステップの説明、ビジュアルデザインの考え方などを織り込みました。本書の内容はつぎの6つのレッスンを軸に構成しています。

1．コンテキストを理解する
2．相手に伝わりやすい表現を選ぶ
3．不必要な要素を取りのぞく
4．相手の注意をひきつける
5．デザイナーのように考える
6．ストーリーを伝える

あらゆる業界の事例を紹介

　この本では、重要なコンセプトを説明するために、多くの例を紹介しています。これらの例は、基本的なコンセプトと、効果的なデータコ

イントロダクション　15

ミュニケーションのベストプラクティスに焦点を当てています。引用する例も、IT、教育、消費財、NPOなど、さまざまな業界のケーススタディを使用しています。

それぞれの例は、私のワークショップで使用したものをもとに作っていますが、守秘義務の関係で、一部を変更したり一般化したりしています。

自分に関係なく見える例でも、そこで紹介されているアプローチが、ご自身のデータビジュアライゼーションやコミュニケーションの課題に応用できないか考えてみてください。すべての例から学ぶべきものがあるはずです。

ソフトウェアの種類は関係ない

本書で紹介するテクニックは、すべてのグラフ作成アプリケーションやプレゼンテーションソフトウェアで使えます。

世の中には、膨大な数のツールが存在します。しかしどんなにツールが優れていても、あなたのストーリーは、あなたにしかわかりません。この本で学んだテクニックを活用する際に、ツールに慣れていないことが制約とならないよう、ツール自体をきちんと学ぶ時間もとるようにしましょう。

それはエクセルで作れる？

特定のツールを推薦するわけではありませんが、この本の中の例は、マイクロソフト・エクセルを使用して作成しています。紹介しているグラフがどのように作られているかを知りたい人は、私のブログstorytellingwithdata.comを見てください。サイトから解説つきのエクセルファイルをダウンロードできます。

この本の構成について

　この本は、大きく6つのレッスンで構成されており、それぞれの章で1つのレッスンと関連するコンセプトを紹介します。理解を促す理論についてもふれますが、具体例を通じて実用的な応用方法に焦点を当てます。1つの章を終えるごとに、そこで学んだ内容をすぐに活用できるようにしました。

　各レッスンは、資料を作る際に考えるプロセスと同じ順序で時系列に構成されています。後半の章では、前の章の内容を参照することがあるので、本の最初から読み始めることをおすすめします。

　より具体的なイメージが湧くように、各章の概要について簡単に紹介しましょう。

第1章：コンテキストを理解する

　データビジュアライゼーションの作業を開始する前に、つぎのような質問に簡潔に答えられる必要があります。

「誰に伝えたいのか？」

「彼らに知ってもらいたいこと、やってもらいたいことは何か？」

　この章では、コミュニケーションの相手、方法、トーンなどを含めた、状況のコンテキスト（文脈、背景）の重要性について説明しています。多くのコンセプトを紹介し、コンテキストを完全に理解できるようにします。コンテキストをしっかり把握することは、回り道を減らしコミュニケーションを成功へと導いてくれます。

第2章：相手に伝わりやすい表現を選ぶ

　そのデータを表現する最善の方法は何ですか？　この章では、ビジネスの世界で最もよく利用されるグラフや図表を紹介し、その使い方と具体例を紹介します。テキスト、表、ヒートマップ、線グラフ、スロープグラフ（坂グラフ）、縦棒グラフ、積み上げ縦棒グラフ、滝グラフ、横棒

グラフ、積み上げ横棒グラフ、正方形の面積グラフなどをとりあげています。また、円グラフやドーナツグラフを含め、避けるべきグラフや、3Dを使わないほうがよい理由を説明します。

第3章：不必要な要素を取りのぞく

　真っ白のページを想像してください。そこに何かを追加するたびに、理解するための認知的負荷を相手にかけることになります。ページにのせる要素を選ぶ必要があり、不必要なものは取りのぞかなければいけません。クラター（ごちゃごちゃ）を排除することが、この章の焦点です。その一環として、視覚認知のゲシュタルトの法則を紹介し、表やグラフなどの表現に応用する方法を考えます。

　また、整列や、ホワイトスペース（余白）の戦略的活用、コントラストなど、よいデザインに必要な要素についても説明します。

第4章：相手の注意をひきつける

　ここでは、人々がどのようにものを見るかを説明し、それをデータコミュニケーションにどう活用するかについて検討します。サイズ、色、配置などの無意識的視覚情報（無意識に認知される視覚情報）を重要なものにする、視覚と記憶に関する話をします。また、無意識的視覚情報を戦略的に使って、相手の注意を意図するところに集め、意図どおりに読んでもらう方法を見ていきます。色の戦略的な使い方についても、くわしく説明します。

第5章：デザイナーのように考える

「形式は機能に従う」――プロダクトデザインにおけるこの格言は、データコミュニケーションにもあてはまります。形式と機能について考えるときには、そのデータで相手に何をしてほしいか（機能）を考え、つぎにそれを実現するための表現（形式）を選ぶのです。この章では、伝統的なデザインのコンセプトを、データコミュニケーションで適用する方法を説明します。

また、それ以前に紹介したコンセプトを少し違う視点から「アフォーダンス（環境が与える情報、人とモノとの関係性に関する情報、行為の可能性）」「アクセシビリティ（わかりやすさ）」「審美性」について解説します。デザインを相手に受け入れてもらうための戦略についてもふれます。

第6章：モデルケースを分解する

よいグラフやスライドを細かく見ていくと、多くのことが学べます。この章では、5つの例を通じて、作成過程における具体的な思考プロセスとデザインの決め方を探ります。グラフの種類やデータの順序づけについて、どのように決めるとよいかを検証します。そして、色、線の太さ、サイズをうまく活用することにより、何をどのように強調できるかを説明します。また、整列やスライド内の要素の配置、タイトル、ラベル、注釈などについても議論します。

第7章：ストーリーを伝える

ストーリーは、人々の心に響き、残ります。それはデータだけでは、なしえないことです。この章では、データを使ったコミュニケーションに適用できる「ストーリーテリング」のコンセプトについて紹介します。ストーリーには「始まり、中間、結末」があります。ビジネスプレゼンテーションを作成する際に、このフレームワークがどのように活用できるのかを説明します。そして、効果的なストーリーの伝え方として「繰り返し」「ナレーション」「話し言葉と書き言葉」、また相手にストーリーを伝えるためのさまざまな戦術を紹介します。

第8章：さあ、全体をまとめよう

これまでの章では、それぞれのレッスンとその応用方法を個別に紹介してきました。この章では、1つの実例を使って、データを使ったストーリーテリングの一連のプロセスを最初から最後まで見ていきます。コンテキストを理解し、適切な表現方法を選び、不必要な要素をなくし、相

手の注意を意図するところに向け、デザイナーのように考え、ストーリーを語ります。これらのレッスンとできあがった図表、そしてナレーションが、ただデータを見せるだけから、データを使ってストーリーを語れるようにします。

第9章：ケーススタディ

　この章では、ケーススタディを通じて、データを使ったコミュニケーションで直面しうる課題への対応策を探ります。具体的には、暗い背景における色の使い方、アニメーションの使用方法、回覧用資料の作成方法、またデータをロジカルに並べる方法、スパゲッティグラフ（からまった線グラフ）への対処方法、また円グラフに代わる手段などをカバーします。

第10章：最後に

　データビジュアライゼーション、そしてデータを使ったコミュニケーションは、まさに科学と芸術の交わるところにあります。そこにはたしかに科学的な要素があり、踏襲すべきガイドラインとベストプラクティスがあります。

　一方で、芸術的な側面もあります。これまで学んだレッスンと芸術的な感性を使って、情報を相手に理解しやすいようにしてみましょう。この最終章では、あなたのチームや組織内のデータコンピテンシーとストーリーテリングのスキルアップのために、これからどう進めればよいのかというヒントと戦略を伝えます。そして最後にこれまでのレッスンを簡単に復習して終わります。

　この本で取りあげているレッスンを通じて、あなたは必ずデータを使ってストーリーを語れるようになるでしょう。さあ始めましょう！

第 1 章

コンテキストを
理解する

　耳を疑うかもしれませんが、データをうまくビジュアル化する秘訣は、いきなりデータにふれないことです。データで作業を始める前に、まずコミュニケーションをとることになった**コンテキスト（文脈・背景）**を理解する必要があるからです。この章では、コンテキストを理解することに焦点を当てて、データビジュアライゼーションを成功に導く戦略についてお話しします。

分析には「探索的分析」と「説明的分析」がある

　コンテキストについてくわしく説明する前に、探索的分析（exploratory analysis）と説明的分析（explanatory analysis）の違いについて説明します。

　まず、探索的分析とは、データを理解し、何を他人に伝えるかを理解するためのものです。探索的分析は、真珠探しのようなものです。100

21

の異なる仮説を試したり、100の異なる方法でデータを分析したりして、たった1つか2つの重要なことを見つける作業です。

しかし、分析した結果を相手に伝えるときには、説明的分析に切り替える必要があります。発見した1つか2つの重要なことを、相手に具体的に説明し、ストーリーを伝えるのです。

説明的分析を見せるべき場面で、探索的分析を見せるという間違いをおかすことがよくあります。データを相手に伝えるべき情報に変換していないのです。これは、100個の分析を見せてしまっている状態です。それも無理のないことかもしれません。膨大なデータを分析したあとには、自分がした作業と分析の信頼性を示す証拠として、すべてを見せたくなる誘惑にかられるからです。でも、この衝動に負けないでください。それは相手に100個の貝をすべて開けさせているのと同じことです。1つか2つの真珠、つまり相手が本当に知る必要のある情報に集中しましょう。

ここでは、**説明的分析**とそのコミュニケーションに焦点を当てて説明します。

誰に、何を、どのように

説明的分析をするにあたって、データをグラフにしたり、コンテンツを作ったりする前に、明確にしておきたいことがあります。

1つめは、「誰に伝えるのか」についてです。誰が相手か、その相手があなたのことをどのように思っているかを、よく理解することが大切です。その理解があって初めて、相手との共通項を見つけ、あなたのメッセージを聞いてもらうことができるのです。

2つめは、「相手に知ってもらいたい、またはやってもらいたいことは何か」についてです。相手にどのように行動してもらいたいかを明確にしたうえで、伝え方を決めます。

22

この2つの質問に簡潔に答えることができて初めて、3つめの質問の準備が整います。つまり、「主張を伝えるために、どのようにデータを活用するか」について考えることができます。

それでは、もう少し具体的に、「誰に」「何を」「どのように」のコンテキストを見ていきましょう。

誰に

相手

自分が伝えようとしている相手のことを、くわしく理解するほど、相手にうまく伝えられる確率は上がります。「内部および外部の利害関係者」や「興味を持っているすべての人」など一般化したターゲット設定は避けましょう。あらゆる人々のあらゆるニーズに一気に答えようとすると、効果的に伝えることができません。場合によっては、別の相手のニーズに合わせて複数の資料を作ることが有効かもしれません。意思決定者が誰かを見極めれば、ターゲットを絞ることができます。相手について多くを知るほど、彼らと共鳴し、お互いのニーズを満たすコミュニケーションをとることができる確率が高くなります。

あなた自身

コンテキストを把握するには、相手と自分の関係を考えることです。

このコミュニケーションで、初めて知り合うのでしょうか、もしくはすでに関係が構築されているのでしょうか？　相手はあなたを専門家としてすでに信頼してくれているのでしょうか？　それとも、これから相手の信頼を勝ち取る必要があるのでしょうか？

これらの質問は、伝える内容を構成するときや、いつ、どのようにデータを使うかを決定するときに検討しておきたいものであり、全体のストーリーの流れに影響するものでもあります。

何を

アクション

「あなたが相手に知ってもらいたいこと、相手にやってもらいたいことは何ですか？」

　あなたが伝えようとしていることを、相手が自分に関係のあることとして受けとめ、聞きたいと思ってもらうにはどうすればいいかを考えます。相手に知ってもらいたいことや、行動してもらいたいことがあるはずです。それを簡潔に説明できないようであれば、そもそも本当に伝える必要があるのかをいま一度検討しましょう。

　これは難しい作業かもしれません。「相手は自分よりも多くのことを知っていて、見せられた情報にもとづいて行動すべきかどうか、またどのように行動するかを相手が自分で選択するものだ」と思いこんでいる人が多いからです。

　しかし、それは誤解です。データを分析し、伝えるのがあなただとすると、それについて最もよく知っているのは、あなたであり、あなたがそのテーマの専門家なのです。あなたが、データを解釈し、その内容を人々に伝え、行動へと導く立場にいます。

　一般的に、データをもとに何かを伝える人は、自分の分析にもとづく発見や提案に対して、自信のある態度でいることが求められます。そのように振る舞うことに抵抗を感じるかもしれませんが、時間とともにその抵抗感は減っていくでしょう。

　万が一、あなたが間違った提案をしたとしても心配ありません。つぎのアクションに向けた正しい議論へとつながるからです。

　具体的なアクションを提案することが適切でない場合は、アクションに向けた議論に誘導しましょう。取るべきつぎのステップを示唆することは、議論を引き出す優れた方法です。白紙の状態から始めるのと違い、示唆があれば相手は何か反応するからです。ただデータを提示しただけ

であれば、相手は「ああ、それはおもしろいね」と言って、終わってしまいます。しかし、行動を求めるなら、相手はそれに従うかどうかについて意思決定を求められます。それにより、相手からより生産性の高い反応を引き出し、有効な会話へとつなげます。こうしたことは、アクションを推奨しなかった場合には起こりえません。

アクションを推奨する

相手に求める行動を考えるうえで参考になる、アクションワードを紹介します。

承認する|同意する|始める|信じる|変更する|協力する|開始する|作成する|守る|願う|差別化する|行なう|共感する|権限を与える|奨励する|従事する|確立する|調べる|促進する|習熟する|形成する|実行する|含める|影響をおよぼす|投資する|活性化する|知る|学ぶ|好む|説得する|計画する|促進する|追求する|推薦する|受け取る|覚える|報告する|対応する|保存する|サポートする|簡素化する|開始する|試す|理解する|検証する

メカニズム

どのような伝え方をするかによって、相手の情報の受け取り方をどの程度コントロールできるか、またどの程度詳細な情報が必要となるか、などが変わってきます。

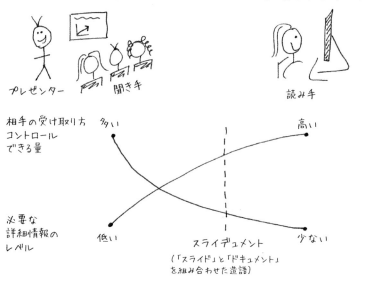

図1.1 コミュニケーションのメカニズム

　図1.1に示したのは、ライブプレゼンテーション（左側）と文書またはメールなどのコミュニケーション（右側）のメカニズムです。相手の情報の受け取り方をコントロールできる量と必要となる詳細情報の量を見てみましょう。

　左側には**ライブプレゼンテーション**があり、プレゼンターがすべてをコントロールします。プレゼンターが、聞き手がいつ何を見るかを決めます。特定のスライドを速く説明することも、より詳細に説明することも、省略することもできます。すべての詳細情報をプレゼンテーションのスライドに書く必要もありません。そのトピックの専門家であるあなたがそこにいて、プレゼンテーション中に受ける質問に答えられるからです。また、スライドに情報がのっているかいないかにかかわらず、それらの質問に答えられるように準備しておきましょう。

プレゼンテーションを完璧にするには、練習、練習、練習！

スライドはテレプロンプター（読み上げる文章を映し出すスクリーン）ではありません。プレゼンテーション中にスライドを1枚1枚読み上げていたとしたら、その使い方は間違っています。聞いているほうにとっても苦痛です。

よいプレゼンテーションをするには、内容を暗記することです。それには、とにかく練習が必要です。スライドに情報を詰め込まず、あなたが話すときに必要なものだけのせましょう。スライドはつぎのトピックが何かを思い出させてくれますが、スピーチの原稿ではありません。ここでは、プレゼンテーションで、準備すべきことをいくつか紹介します。

- 各スライドで伝えるべき重要なポイントをノートに書きます。
- 声に出して言いたいことを言う練習をします。これによって脳の異なる部分が刺激され、話のポイントを忘れにくくなります。また、よくプレゼンターがつまずきがちなスライドの移行部分を説明する練習にもなります。
- 友人や同僚に模擬プレゼンテーションを行ないましょう。

グラフの右側、**文書またはメール**では、作成者がコントロールできることは少なくなります。この場合、どのように情報を受け取るかを決めるのは読み手です。一般的に、必要とされる情報量はより多くなります。相手の反応に対して、あなたがそばで対応することができないからです。文章で伝えるときには、相手が頭に浮かべるであろう質問に答えている必要があります。

理想的には、ライブプレゼンテーションと文書やメールで使う資料は、まったく異なるものであるべきです。ライブプレゼンテーションでは、プレゼンター自身が必要な情報を説明するので情報量の少ないスライドが、文書やメールのコミュニケーションでは、情報密度の高い資料が必

第1章　コンテキストを理解する　27

要です。

　しかし、実際には、期限やその他の制約から、これらのニーズを両方満たす資料を作成します。プレゼンテーションと詳細な文書の両方の面をとりいれた「**スライデュメント（slideument)**」です。スライデュメントは、さまざまなニーズを満たそうとするせいで、さまざまな課題を生み出します。これらの課題への対応策と解決方法はこの本の後半で紹介します。

　コミュニケーションをとる最初の時点で、ライブプレゼンテーションや文書、またはほかのものも含め、何を使って伝えるのかを決めることが重要です。その方法で相手の情報の受け取り方をどれだけコントロールできるか、どの程度詳細な情報が必要なのかなどが、内容を作る際に大変重要になるでしょう。

トーン

　どのようなトーンで、相手に伝えたいですか？

　トーンもまた事前に考えておきたいことです。成功を祝う内容ですか？　相手を盛り上げようとしていますか？　気軽な内容ですか、それとも深刻な内容ですか？

　トーンは、あとの章で議論するデザインの選択にも関わってきます。ここでは、データビジュアライゼーションの作業を始める際に、全体のトーンについて考え、決めておきましょう。

どのように

　相手が誰か、その相手に何を知ってもらいたいか、または行動してもらいたいかが明確になって初めて、データに目を向けることができます。

「主張を裏づけるために、どんなデータを利用できるか？」

　データは、あなたが組み立て、伝えるストーリーを支える根拠となり

ます。このあとの章で、これらのデータをどう視覚的に表現するのかを説明します。

ストーリーに反するデータは無視してよいか？

主張を裏づけるデータだけを使い、それ以外のデータを無視したほうがより強い議論が展開できると思うかもしれません。しかし、その方法はおすすめしません。一方的に話を伝えることは、誤解を招くだけでなく大きなリスクをともないます。知識のある相手であれば、1つの側面だけ見せ、ほかの部分を無視したデータだと気づくでしょう。

コンテキストと、主張を裏づけるデータ、また反対するデータなどをどれくらい入れるべきかについては、そのときの状況やあなたと相手の信頼関係などによって変わってきます。

「誰に、何を、どのように」を実例で考えてみる

それでは、これまで紹介してきたコンセプトについて具体的な例を見ていきましょう。

あなたは小学4年生の理科の教師だとします。ちょうどいま、あまり人気のない科目である理科に生徒たちがふれる機会を増やすことを目的とした、夏の試験的学習プログラムを終えたところです。このプログラムを通じて、理科に対する生徒たちの印象が変わったかどうかを確認するために、プログラムの参加前と参加後にアンケートを実施しました。アンケートのデータは、プログラムが大成功だったことを示しています。あなたは今後も継続して理科の夏の学習プログラムを提供していきたいと思っています。

では、まず、コミュニケーションの相手が誰かを考えてみましょう。

第1章 コンテキストを理解する　29

この情報に興味を持つと考えられる人はたくさんいます。具体的には、プログラムに参加した生徒の両親、将来、参加するかもしれない生徒やその両親、同じような試みに興味を持っている教師、またはプログラムを続行するための資金を提供できる予算委員会などです。相手が誰かによって、伝えるストーリーは異なります。強調すべき点や、アクションへの呼びかけも変わってくるでしょう。表示すべきデータは、相手によって異なる可能性があります。

　1つのコミュニケーションで、すべての相手のニーズに答えようとすると、誰のニーズにも答えられないという結果になってしまいます。コミュニケーションの相手が誰かを識別し、その特定の相手を念頭に置いてコミュニケーションをとることが重要です。

　この例では、プログラムの継続に必要な資金を提供できる予算委員会をターゲットとしてみます。

「誰に」を特定すれば、「何を」を見つけるのは簡単になります。予算委員会に対してコミュニケーションをとるのであれば、プログラムの成功を示し、継続するための予算を求めることになります。

　誰が相手か、彼らから何を得たいかが明確になったので、つぎは伝えたいストーリーの裏づけとなるデータについて考えます。たとえば、プログラムの前後に実施したアンケートを活用して、理科に対するポジティブな印象を持つ生徒が増加したことを説明できるでしょう。

　この例は、またあとで使いますので、相手は誰か、何を知ってもらいたいか、どのように行動してもらいたいのか、そしてそれを説明するために使えるデータについて再度まとめておきます。

誰に：夏の学習プログラムを継続するための予算を承認する予算委員会に

何を：理科の夏の学習プログラムは成功だった。このプログラムを続

けるために、○○ドルの予算を承認してもらう

どのように：学習プログラムの前後に実施したアンケートで収集した
データを使って、プログラムの成功を示す

コンテキストを確認するための質問

　クライアント、利害関係者、上司などから依頼され、プレゼンテー
ションや資料を作ることがあるでしょう。その場合、あなたはコンテキ
ストをすべて把握していない可能性があるため、状況を完全に理解する
うえで依頼者に確認したほうがよいことがあります。

　あなたが知っていると思って依頼者が伝えていない情報や、わざわざ
口に出して言うまでもないと思っている情報があることも考えられま
す。情報を引き出すために、つぎのような質問を活用しましょう。誰か
に資料作成を依頼する場合にも、前もってこれらの質問の答えを伝えて
おくとよいでしょう。

・背景にあるどのような情報が重要ですか、またはどう関連しています
　か？
・コミュニケーションの相手や意思決定者は誰ですか？　相手について
　わかっていることはありますか？
・相手は私たちのメッセージに対して、何か先入観がありますか？　賛
　成しそうですか？　または反対しそうですか？
・ストーリーを強化するために使えるデータにはどんなものがあります
　か？
・相手はそのデータを見たことがありますか？　それともまったく初め
　て見るものですか？
・どのようなリスクがありますか？　こちらの主張を退ける要素があり
　ますか？　それに対して積極的に対処すべきですか？
・どのような結果となれば成功と言えますか？
・限られた時間しかない場合、あるいは1文だけしか相手に伝えること
　ができない場合には、何を伝えますか？

第1章　コンテキストを理解する　31

とくに最後の2つの質問が大切です。コミュニケーションの内容を準備する前に、依頼者が期待する結果を知っていれば、よい資料を作りやすくなります。また、大きな制約（短い時間や1文など）を設定すれば、最も重要なメッセージを浮かび上がらせることができます。これと同じ目的で活用できるおすすめの方法として「3分ストーリー」と「ビッグアイデア」というものがあります。

「3分ストーリー」と「ビッグアイデア」

3分ストーリーとビッグアイデアのコンセプトの背景にあるのは、プレゼンテーションの結論は1段落、究極的には1文にできる、という考え方です。それには、コミュニケーションの意図をよく理解することが求められます。何が最も重要で、何が省略できるものなのかを把握しましょう。簡単に聞こえるかもしれませんが、簡潔にまとめることは長くするよりもたいてい難しいものです。数学者であり哲学者でもあったブレーズ・パスカルは「もっと短い手紙を書こうとしたが、時間がなかった」と記しています。

3分ストーリー

3分ストーリーは、その言葉どおり、「3分しかなかったら、相手に何を伝えますか？」というものです。伝えたいストーリーが明確かどうか、きちんと説明できるかどうかを確認する優れた方法です。これができれば、プレゼンテーションでスライドへ依存することから脱却できます。これは、上司に突然、何の作業をしているかを聞かれた場面や、関係者の1人とエレベーターで一緒になって、簡単に内容を説明したい場面にも活用できます。また、30分の発表時間が10分または5分に短縮されてしまったときにも役立ちます。伝えたいことが明確であれば、たとえ準備してきた予定時間と違っても、与えられた時間に合わせて話すことができます。

ビッグアイデア

　ビッグアイデアは3分ストーリーをさらに簡潔に1文でまとめたものです。これはコミュニケーション専門家、ナンシー・デュアルテが、著書『Resonate』(2010)で説明したコンセプトです。彼女はビッグアイデアには、つぎの3つの要素があると言っています。

1. あなたの独自の視点を明確にしている
2. 何が危機にさらされているかを伝えている
3. 完全な文章である

　それでは、先ほどの理科の夏の学習プログラムの例を使って、3分ストーリーとビッグアイデアを考えてみましょう。

　3分ストーリー：理科の担当教員らで、ある問題について話し合いました。問題とは新4年生の生徒たちが最初の授業ですでに、「理科は難しそうで好きになれないだろう」というイメージを持ってしまっていることです。そのイメージを克服するために、毎年かなりの時間を費やしています。そこで、生徒たちを理科にもっと早くふれさせておいたらどうかと考えました。そうすることで生徒たちの理科に対するイメージを変えることはできないでしょうか？　そこで試験的な学習プログラムを昨夏実施しました。小学2、3年生の生徒たちを招待し、参加してもらいました。目標は、生徒たちに早めに理科にふれてもらい、よい印象を持たせることでした。プログラムの結果を評価するために、プログラムの前後で生徒にアンケートを実施しました。
結果は、大成功と言えるものでした。プログラムの参加前には、理科に対して40％もの生徒が「普通」と感じていたのに対し、プログラムのあとには約70％が興味を持つようになり、多くの生徒の理科に対するイメージが改善しました。私たちは、このプログラムを継続するだけでなく、今後さらに拡大すべきだと考えています。

ビッグアイデア：夏の試験的学習プログラムによって、生徒たちが理科に対して抱いていたイメージを変えることに成功しました。この成功を受けて、今後もこのプログラムを継続すべきだと考えています。そのためにぜひプログラムの予算を承認してください。

このように明確かつ簡潔にストーリーを述べることができたら、コミュニケーションの内容を作る作業は、非常に楽になります。それではここでギアをシフトし、資料の内容を考える方法について見ていきましょう。

「ストーリーボード」で資料の骨格を先に作る

ストーリーボード（絵コンテ）を使えば、コミュニケーションが目的に合ったものかどうかを、早い段階で確かめられます。ストーリーボードは、コミュニケーションの骨格を作るものです。そして、内容の視覚的なアウトラインでもあります。

ストーリーボードは、作業を進めるうちに変更が必要になる場合もあります。しかし、資料全体の骨格を早めに作っておくと、コミュニケーションを成功に導きやすくなります。できれば、この段階でクライアントや利害関係者に見せるとよいでしょう。それによって、作成しようとしているものが、相手のニーズに合ったものかどうかを確認できるからです。

ストーリーボードを作る最大の秘訣は、「プレゼンテーションソフトウェアを使わない」ことです。ソフトウェアを使い出すと、全体の構成を考える前にスライド作成モードに入ってしまい、結果として何も効果的に伝えられないスライドばかりになってしまいます。また、コンピュータを使って何かを作ると、作ったものに対するこだわりが生まれます。時間を費やしているため、それが必要なものではなく、変更また

は削除するべきものだとしても、抵抗を感じてしまうのです。

　この不必要な作業とこだわりを避けるために、まずはローテクで始めましょう。たとえば、ホワイトボードやポストイット、もしくはただの紙を使うのです。紙やポストイットを捨てたり、リサイクルにまわしたりするのは、コンピュータで作ったものを捨てるのに比べてはるかに簡単です。私もポストイットを使ってストーリーボードを書きます。簡単に順番を変えたり、追加したり、減らしたりでき、異なるストーリーの流れを試すことができるからです。

　理科の試験的学習プログラムに関するストーリーボードを作るとしたら、図1.2のようになるでしょう。

　このストーリーボードの例では、「ビッグアイデア」が提案の最後にきています。最初にそれを持ってきて、相手が重要な点を聞き逃さないようにしてもよいでしょう。なぜ、相手に提案をしているのか、なぜ相手がそれを気にかける必要があるのかを最初に示すのです。ストーリーの順序に関しては、第7章でくわしく説明します。

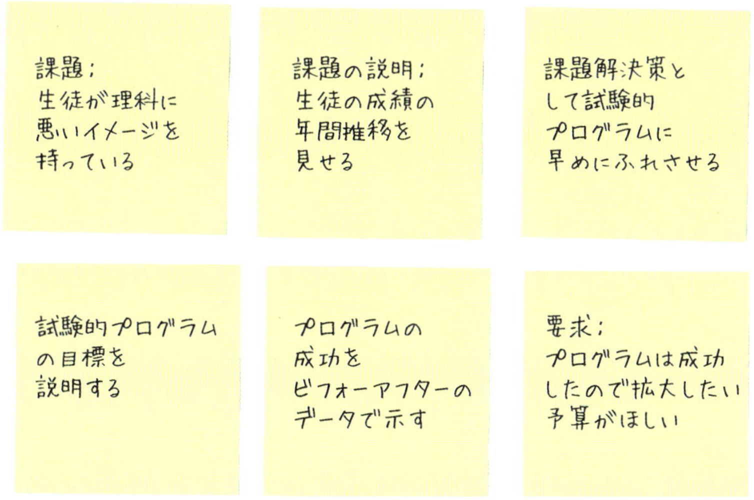

| 課題；
生徒が理科に
悪いイメージを
持っている | 課題の説明；
生徒の成績の
年間推移を
見せる | 課題解決策と
して試験的
プログラムに
早めにふれさせる |
| 試験的プログラム
の目標を
説明する | プログラムの
成功を
ビフォーアフターの
データで示す | 要求；
プログラムは成功
したので拡大したい
予算がほしい |

図1.2　ストーリーボードの例

まとめ

　内容を作り込む前に何を伝えたいのか簡潔にまとめておくと、無駄な作業がなくなり、資料の内容は確実に目的に合ったものになります。ここで紹介した、3分ストーリー、ビッグアイデア、ストーリーボードのコンセプトを理解し活用すれば、ストーリーを明確かつ簡潔にし、望ましい流れを作ることができます。

　内容を作成する前に立ち止まって考えると、作業が遅れるように感じるかもしれませんが、実際には時間を節約することになります。

　さあ、これで、**コンテキストを理解する**、という最初のレッスンは終了です。

第 2 章

相手に伝わりやすい
表現を選ぶ

　情報をビジュアルに加工して相手に見せるときには、多くのグラフや図表を使います。それによって、伝えたい情報を視覚的に伝えることができます。ワークショップやコンサルティングプロジェクトの際に、私がこれまで作成した、150以上の図表を振り返ってみたところ、12種の表現に集約することができました（図2.1）。本章では、これらのビジュアル表現に焦点を当てて見ていきましょう。

91%

単純なテキスト

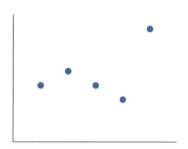

散布図

	A	B	C
カテゴリー 1	15%	22%	42%
カテゴリー 2	40%	36%	20%
カテゴリー 3	35%	17%	34%
カテゴリー 4	30%	29%	26%
カテゴリー 5	55%	30%	58%
カテゴリー 6	11%	25%	49%

表

折れ線グラフ

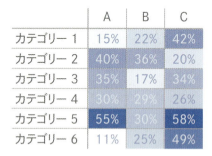

ヒートマップ

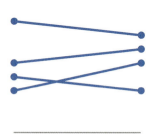

スロープグラフ(坂グラフ)

図 2.1　よく使うビジュアル

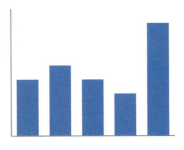
縦棒グラフ

横棒グラフ

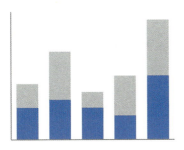
積み上げ縦棒グラフ

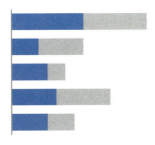
積み上げ横棒グラフ

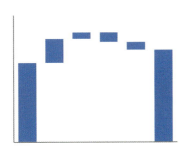
ウォーターフォールグラフ
(滝グラフ)

面積グラフ

「単純なテキスト」も優れたビジュアル表現

　1つか2つの数字を相手に伝えればよいときには、単純なテキストが優れたビジュアル表現になります。数字をそのまま使い、それをできるだけ目立たせるのです。そして、ポイントを説明する簡潔な文章を添えます。1つか2つしかない数字を表やグラフにすると、わかりにくくなるうえに、数字そのもののインパクトをそいでしまいます。数字を単体で使うことを考えましょう。

　つぎの例を見てみましょう。
　図2.2は、2014年4月ピューリサーチセンターのレポートに掲載されていたグラフです。

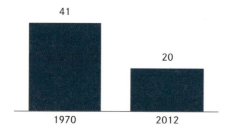

図 2.2　専業主婦の割合を示す、もとのグラフ

数字があるからといって、グラフが必要となるわけではありません。

　図2.2では、2つの数を示すためにテキストとスペースの大部分を割いていて、グラフ自体がうまく機能していません（グラフ上のデータラベルの位置により、20の棒グラフの高さが41の棒グラフの半分以下であることがわかりにくくなっています）。

　この場合、つぎのような簡単なテキストで十分です。

「『専業主婦』の母親を持つ子どもの割合は1970年には41％だったのが、2012年には20％になっています」

　プレゼンテーションやレポートでは、図2.3のように見せることができます。

20%

2012年の**専業主婦の母親を持つ**子どもの割合
1970年は41%

図2.3　専業主婦の割合をシンプルな数字で表現する

　もう1つ検討しておきたいことは、この例を別の方法で表現できるかどうかです。たとえば、「『専業主婦』の母親を持つ子どもの数は1970年から2012年の間に50％以上減少した」などと、実数値ではなく割合の変化で表現することもできます。ただし、複数の数字を1つの数字に置き換えるときには、どのような情報が失われるかについて考えておく必要があります。

　この場合は、実際の数字の大きさ（20％と41％）がその変化を解釈するのに、より重要だと考えられます。

第2章　相手に伝わりやすい表現を選ぶ　41

1つか2つだけの数字を見せればよい場合には、シンプルに数字だけを見せましょう。もっと多くのデータを見せたい場合は、表やグラフを使うのがよいでしょう。表とグラフでは、見え方が異なります。表とグラフ、それぞれについて種類と使用例などをくわしく見ていきましょう。

「表」は読むもの

表は言葉と関わりが深い表現であり、表は読むものだと言えます。私は表を読むときには、人差し指を出して行と列に沿って、内容を読むか、数字を比較します。表は、異なる興味を持った人たちが、それぞれ自分の興味があるところを見るのに適しています。複数の異なる単位で測られたものを表現する場合も、グラフよりも表のほうが使いやすいでしょう。

ライブプレゼンテーションで表を使うべきか

ライブプレゼンテーションで表を使うことはあまりおすすめしません。聞く側の注意が、プレゼンターの言うことではなく表に向いてしまうからです。表をプレゼンテーションやレポートで使うときは、いま一度、何を伝えようとしているのかを自問してみてください。たいていの場合、もっとよい方法で表現できるはずです。変更することで情報が損なわれてしまうと感じるのであれば、全体を示す表を参考資料としてつければ、必要な情報をそろえることができるでしょう。

表を作るときに心にとめておきたいのは、データを主役にすることです。太い罫線や色使いのせいで、相手の注意をそらさないようにしましょう。代わりに、薄い色の罫線もしくは真っ白の背景に、それぞれの

要素を適度な間隔で配置するとよいでしょう。

　図2.4の例を見てみましょう。中央の薄い罫線、右の最小限の罫線では表の中のデータが、枠組みよりも目立って見えることに気づくと思います。

太い罫線

グループ	A	B	C
グループ 1	$X.X	Y%	Z,ZZZ
グループ 2	$X.X	Y%	Z,ZZZ
グループ 3	$X.X	Y%	Z,ZZZ
グループ 4	$X.X	Y%	Z,ZZZ
グループ 5	$X.X	Y%	Z,ZZZ

薄い罫線

グループ	A	B	C
グループ 1	$X.X	Y%	Z,ZZZ
グループ 2	$X.X	Y%	Z,ZZZ
グループ 3	$X.X	Y%	Z,ZZZ
グループ 4	$X.X	Y%	Z,ZZZ
グループ 5	$X.X	Y%	Z,ZZZ

最小限の罫線

グループ	A	B	C
グループ 1	$X.X	Y%	Z,ZZZ
グループ 2	$X.X	Y%	Z,ZZZ
グループ 3	$X.X	Y%	Z,ZZZ
グループ 4	$X.X	Y%	Z,ZZZ
グループ 5	$X.X	Y%	Z,ZZZ

図 2.4　表の罫線

　罫線は、あくまで表をより読みやすくするためのものです。罫線をグレーにしたり、完全になくしたりして、目立たないようにしましょう。目立たせるべきは、データであり罫線ではありません。

　それでは、つぎに特殊な表について見ていきましょう。

「ヒートマップ」で相対的な重要さを表現する

　表で表現できる詳細な情報と、視覚的な図を組み合わせたものが、ヒートマップ（色分け図）です。ヒートマップは、表形式でデータを示しつつ、数字の相対的な重要さをセルの色を変えることで表わします。
　図2.5は、一般的な数字を表とヒートマップで表現しています。

表	A	B	C
カテゴリー 1	15%	22%	42%
カテゴリー 2	40%	36%	20%
カテゴリー 3	35%	17%	34%
カテゴリー 4	30%	29%	26%
カテゴリー 5	55%	30%	58%
カテゴリー 6	11%	25%	49%

ヒートマップ

低-高

	A	B	C
カテゴリー 1	15%	22%	42%
カテゴリー 2	40%	36%	20%
カテゴリー 3	35%	17%	34%
カテゴリー 4	30%	29%	26%
カテゴリー 5	55%	30%	58%
カテゴリー 6	11%	25%	49%

図 2.5　同じデータの 2 つの見せ方

　図2.5の表では、データをどう読むかは見る人しだいです。私なら、行と列を見てどの数字が高いか低いか、また自分が何を見ているのかを理解しようとします。そして、表の中のカテゴリーをなんとか順位づけしようするでしょう。

　こうした相手が解釈するプロセスをなくすために、**色の濃淡**を使います。色の濃淡を使えば、重要なポイントをすぐに発見できるようになります。「ヒートマップ」の例では、青が濃くなるほどより高い数字を表わしています。こうすることで、視覚的な手がかりがなかったもとの表よりも、数字の分布、最小値（11％）と最大値（58％）、をより早く簡単に認識できるようになるのです。

　エクセルなどのグラフアプリケーションには、通常、条件付き書式設定機能が組み込まれており、図2.5のようなフォーマットを簡単に作ることができます。

　この機能を使う際には、凡例を忘れずにつけて、相手が簡単にデータを解釈できるようにしましょう（この例では、ヒートマップ上の「低-高」というサブタイトルがその機能を果たしています）。

　つぎに、データを表わす手段として広く使われている方法、グラフについて考えていきます。

「グラフ」は 4 つ押さえれば十分

　表が言語システムに働きかけるものだとすると、グラフは情報をより速く処理する視覚システムに働きかけるものです。よくできたグラフは、よくできた表よりも、より多くの情報を迅速に伝えられます。この章の始めに述べたように、世の中には数多くのグラフが存在します。しかし、私たちが伝えたいことの大半は、そのうちのひと握りだけで十分表現できます。

　私がよく使用するグラフは、点グラフ、線グラフ、棒グラフ、面積グラフの4つのカテゴリーに分類されます。これらのカテゴリーのグラフについて、具体的な例を用いながら細かく見ていきましょう。

点グラフ

散布図

　散布図は、データを横軸と縦軸という2つの軸で表現できるため、2つのものの関係性を示すときに有効です。散布図は、科学の分野でより頻繁に使われる傾向があります（そのせいもあってか、なじみがない人にとっては、難解なものと思われています）。しかし、ビジネスの世界でも散布図が使われる場合があります。

　たとえば、バスの車両を管理していて、走行距離と1マイルあたりのコストとの関係について把握したいとしましょう。その散布図が仮に図2.6のようなものになったとします。

第 2 章　相手に伝わりやすい表現を選ぶ　45

走行距離によるマイルあたりのコスト

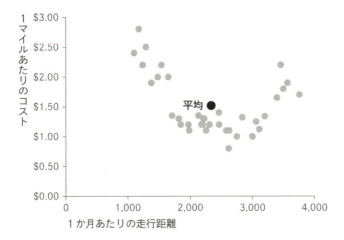

図 2.6　散布図

　1マイルあたりのコストが平均以上のものに焦点を当てたい場合、そこに目がいくように散布図のデザインを少し変えてみると、図2.7のようになります。

走行距離によるマイルあたりのコスト

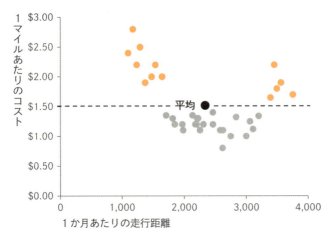

図 2.7　修正後の散布図

図2.7では、約1700マイル未満または約3300マイル以上走っているバスのマイルあたりのコストが平均より高くなることがわかります。このデザインを選んだ理由については、あとの章でくわしく説明します。

線グラフ

　線グラフは、連続したデータを表現する際に、最もよく使われるグラフです。点同士が物理的につながっているので、異なるカテゴリーのデータを表わすのには適していません。多くの場合、日、月、四半期、年のような時間の単位ごとの連続したデータを表わすのに使われます。
　線グラフの中でも、私がよく使うのは、折れ線グラフとスロープグラフ（坂グラフ）です。

折れ線グラフ

　図2.8に示すように、線グラフは1つ、2つ、または3つ以上のデータ系列を表示することができます。

図2.8　折れ線グラフ

　折れ線グラフの横軸の単位が時間のときには、データを一定の間隔でプロットします。最近、横軸が1900年代は10年ごと（1910、1920、1930…）、2010年以降は1年ごと（2011、2012、2013、2014…）に切り替わっているグラフを見ました。これでは、10年を示す間隔と1年を示す間隔

が同じに見え、誤解を招いてしまいます。表示する時間の単位には一貫性を持たせましょう。

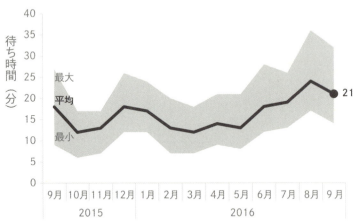

図 2.9　範囲の平均値を示した折れ線グラフ

折れ線グラフで平均を表示する

折れ線グラフで、平均や推定値などの統計的要素を示したい場合は、グラフ上で表現することができます。たとえば、図 2.9 のグラフは、13 か月間にわたる出入国管理における最小、平均、および最大の待ち時間を示しています。

スロープグラフ

　スロープグラフ（坂グラフ）は、2 つの期間の間に起こった増加や減少、またはさまざまなカテゴリーにおける違いを表示したいときに便利です。

スロープグラフの価値と使い方は、具体例を見るのがいちばんわかりやすいでしょう。ここでは、従業員のフィードバック結果を分析した例を紹介します。
　スロープグラフで、2015年から2016年までの各カテゴリーにおける変化を示すと、図2.10のようになります。

　スロープグラフは、多くの情報を扱うことができます。たとえば、絶対値に加えて、傾斜や方向によって変化の割合も視覚的に示せます。そのため、「変化率とは何か」をわざわざ説明しなくても、直感的に伝えられるのです。

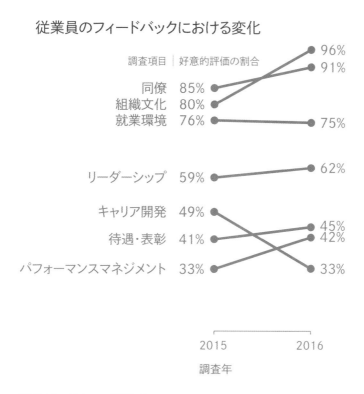

図2.10　スロープグラフ

第2章　相手に伝わりやすい表現を選ぶ　　49

スロープグラフのテンプレート

スロープグラフは、グラフアプリケーションに含まれる標準のグラフではないので、作成するには自分で設定することになります。スロープグラフの例と説明つきのエクセルテンプレートはここからダウンロードできます。

スロープグラフが使えるかどうかは、データそのものに依存します。線の数が多く、重なってしまってあまりうまくいかない場合もありますが、1つの線のみを強調するなどして、わかりやすく表現できる場合もあります。先ほどの例で、時間の経過とともに減少したカテゴリーの1つに焦点を当ててみましょう。

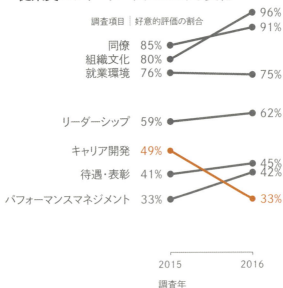

図 2.11　修正後のスロープグラフ

図2.11では、「キャリア開発」のカテゴリーの減少に即座に注意が向けられます。それ以外のデータは文脈を表わす情報として、目立たなくなっています。第4章で無意識的視覚情報について紹介するときに、この背景にある考え方について説明します。

線グラフは時系列のデータをうまく表現しますが、カテゴリーごとにデータを整理したいときは、情報をグループ分けできる棒グラフが役立ちます。

棒グラフ

棒グラフはありきたりだという理由で使うのを避ける人がいます。でも、その考えは間違いです。ありきたりということは、相手が新たに学ぶ必要がないことを意味します。そうだとすると、棒グラフは活用したほうがいいのです。「どのようにグラフを読めばよいのか」ではなく、「グラフの情報から何を読み取るべきか」について、相手が頭を使えるからです。

棒グラフは、読みやすいグラフです。棒の最も高いところを自然に比べるので、どれが最も大きく、どれが最も小さいのかをすぐ認識できます。さらに、カテゴリー間の差についてもひと目でわかります。ただし、棒グラフの最も高い位置を比べるため、棒グラフが始まる基準線はつねにゼロである必要があります。

FOXニュースから引用した棒グラフの図2.12を見てみましょう。

2012年の秋を思い出してください。ブッシュ減税の期限が切れた場合、何が起こるのか、不安に思う人が多くいました。このグラフでは、左側に現在の最高税率である35%、そして右側に2013年1月1日から適用される税率の39.6%が示されています。

第2章　相手に伝わりやすい表現を選ぶ　51

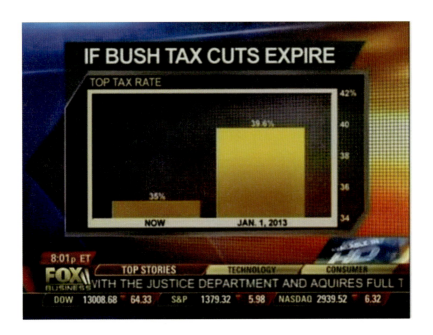

図 2.12　FOX ニュースの棒グラフ

　このグラフを見て、減税が終了することに対してどのように感じるでしょうか？　おそらく、税金が大幅に増えると心配になるのではないでしょうか？　では、くわしく見てみましょう。

　図2.12では、右端に示される縦軸のいちばん下の数がゼロでなく、34になっています。これは、この棒グラフが、理論的にはページをつき抜けて、さらに下に続いていることを意味しています。このグラフでは、視覚的な増加は460％になっています（棒グラフの高さが35－34=1と39.6－34＝5.6なので（5.6－1）÷1＝460％）。グラフがゼロの基準線で始まっていて、正しく表示されていたとしたら（35と39.6）、実際の増加分である13％（(39.6－35)÷35）が視覚的にも確認できます。
　図2.13でこれら2つのグラフを比較してみましょう。

 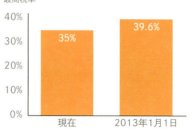

図 2.13　棒グラフは基準線をゼロにする

　図2.13を見ると、左のグラフでとても大きく見えた増加が、右のグラフではそれほどでもないものに見えます。もしかすると増税の影響は、少なくとも当初そう見えていたよりは、深刻ではないのかもしれません。読み手の目は、棒グラフの相対的な高さを比べるので、正確に比較するためには、グラフ全体を表示することが重要です。

　ほかにも、いくつかデザインが変更されたことに気づくでしょう。もともと右側にあった縦軸のラベルは左側に移動しています（それによってデータを見る前に、データの軸が目に入ります。もともと棒グラフの上に書かれていたデータラベルを、すっきりさせるために棒の中に入れました。もしこのグラフをほかで使用するのであれば、不必要な情報を減らすため、縦軸を完全に省略し棒グラフ内でデータラベルを表示します。ただし、この例では、縦軸がゼロから始まることが明確にわかるように縦軸を残しています。

軸ラベル　対　データラベル

デ　ータをグラフにする際に決めることの1つとして、軸ラベル
　　を残すか、軸をなくす代わりにグラフに直接データラベル
をつけるかというものがあります。これを決める際には、どれだけデー
タをくわしく見せる必要があるのかを考えてください。相手に全体
の動向を見てもらいたいなら、軸は残すか、グレーにして目立たな
いようにするのがよいでしょう。

　特定の数値が大切であれば、データごとにデータラベルをつけた
ほうがよいかもしれません。その場合はできれば軸ラベルは消し、
重複する情報はのせないようにしましょう。つねに相手にどのよう
に見てほしいのかを考え、それをもとにグラフを作成するようにし
ましょう。

　ここまで、棒グラフはゼロの基準線から始めなければいけない、とい
うルールを説明してきました。ただし、このルールは線グラフには適用
されません。線グラフで重要なのは、（基準線からの高さではなく）相対
的な位置であるため、ゼロ以外の基準線から始めることもあります。た
だしそれでもゼロ以外の基準線を使用する際は、読み手にそれが明確に
伝わるようにし、小さな変化や差が強調されすぎないように気をつけま
しょう。

データビジュアライゼーションにおける倫理

棒　グラフの尺度を変更したり、操作したりすることで、伝えた
　　いポイントを強調できるとしたらどうでしょうか？　データ
の見せ方を変え、不正確に表現することで、相手に誤った認識を与
えることは許されません。

　これは倫理的な問題であると同時に、リスクもともないます。も

> し知識のある相手が細工（たとえば、棒グラフの縦軸をゼロ以外の値で始めるなど）に気づけば、あなたへの信頼も同時に失われるでしょう。

　棒グラフの高さにつづいて、太さについても考えてみましょう。太さについては、そこまで厳密なルールがあるわけではありませんが、各棒は、その間隔の幅よりも太くします。高さよりも棒の太さに目がいってしまうほど太すぎてもいけません。

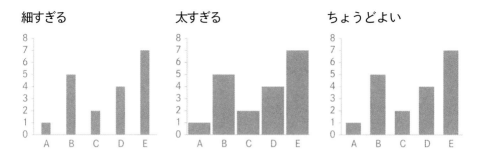

図2.14　棒の幅

　図2.14の3つの棒グラフを比較してみましょう。太すぎるもの、細すぎるもの、ちょうどよいものが並んでいます。

　ここまで棒グラフのベストプラクティスをいくつか見てきました。つぎは、さまざまなタイプの棒グラフを見てみましょう。使いこなせる棒グラフが多くあると、データビジュアライゼーションにおけるさまざまな課題に対応できるようになります。ここでは、使い方を知っておくと役立つものを見ていきます。

縦棒グラフ

最も単純な棒グラフは縦棒グラフです。線グラフと同様に、1つ、2つ、または3つ以上のデータ系列を表示できます。ただし、データ系列が増えれば増えるほど、どれか1つに意識が集中してしまい、意味を読み取るのが難しくなるため、複数のデータを使用するときには注意が必要です。また、1つ以上のデータ系列を持つ棒グラフでは、棒グラフ間に空白スペースがあると、視覚的なグループができてしまうことにも注意してください。その場合、系列を並べる順番が、より重要になります。相手に比較してほしいものが何かを考え、比較しやすいように順番も工夫しましょう。

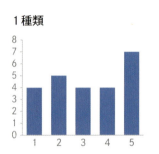
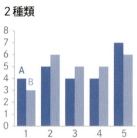
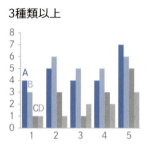

図 2.15　棒グラフ

積み上げ縦棒グラフ

積み上げ縦棒グラフを使うケースは、より限定されます。積み上げ縦棒グラフは、カテゴリー全体の大きさとカテゴリー内の構成要素を同時に示せます。ただし、グラフィックアプリケーションのもともとの配色を使うと、見づらいものになりがちです。

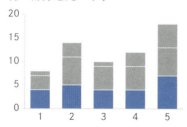 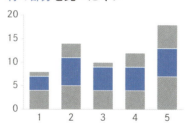

図 2.16 積み上げ縦棒グラフで比較する

　また、図2.16に示されているように、基準線と接しているいちばん下のデータ系列以外は、基準となる線がないためカテゴリーをまたいで比較することは困難です。

　積み上げ縦棒グラフは、絶対値を使う場合（図2.16）と、各棒を100％として書く場合があります。どちらを選択するかは、何を相手に伝えようとしているかによります。100％積み上げ縦棒グラフを使う場合、各カテゴリーの合計の絶対値が必要かどうか考えてみましょう。グラフの中に直接書き込むか、脚注に入れれば、グラフを解釈しやすくなります。

ウォーターフォールグラフ

　ウォーターフォールグラフ（滝グラフ）は、積み上げ縦棒グラフの重なっている部分を分解し、一度に1つのものを見せたり、スタート地点から最終着地点までの増減を見せたりするときに使います。
　具体的な例を見てみましょう。あなたは人事コンサルティングファームの社員で、クライアントのある部門でここ1年間でどのように従業員数が変化したかを理解し、伝えたいとします。

　このとき、人員数の変化の内訳を示すウォーターフォールグラフは、つぎのようになるでしょう。

2015年の従業員数
異動による増加人数よりも減少人数のほうが多かったが
積極的な採用活動により通年で16％増加

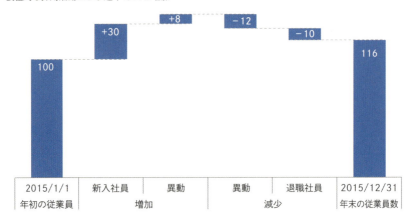

図 2.17　ウォーターフォールグラフ

　左側に、ある部門に年初にいた従業員数があります。右どなりには、新入社員と組織の他部門から異動した社員の増加分があります。つぎに、他部門への異動、退職した社員の減少分が続きます。最後に、従業員数の増加や減少をすべて加味した年末の従業員数を示しています。

ウォーターフォールグラフの作り方

　グラフ作成アプリケーションに、ウォーターフォールグラフの機能がなくても心配しないでください。ウォーターフォールグラフは積み上げ縦棒グラフを活用して作ることができます。まず積み上げ縦棒グラフを作り、横軸の基準線に接しているセグメントを透明にしてしまいます。正しく設定するには少しだけ計算が必要ですが、とてもきれいに仕上がります。ウォーターフォールグラフの作り方に関するブログの記事とエクセルの例は、からダウンロードできます（storytellingwithdata.com/waterfall-chart）。

横棒グラフ

もし棒グラフの中で1つだけ私のお気に入りを選ぶとすると、横棒グラフです。横棒グラフは、縦棒グラフを横にしたものです。なぜお気に入りかというと、横棒グラフは「とても読みやすい」からです。グラフで使うカテゴリー名が長いときに、横棒グラフはとても便利です。ラベルは左から右に書かれるため、読みやすくなります。スクリーンやページ上の情報を読み取る際、人は左上から「Z」の形で見ていきます。横棒グラフでは、目が最初にラベル（カテゴリー名）を見て、つぎに実際のデータを見ます。つまり、データを目にするときにはすでに、それが何を示しているかわかっているのです。棒グラフのように上下に目を動かして、カテゴリー名とデータを見比べる必要がありません。

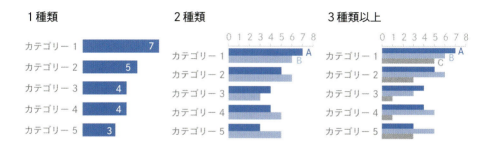

図 2.18　横棒グラフ

カテゴリーの論理的な順序

カテゴリーを示すデータをもとにグラフを作る場合、並べる順序について注意深く考える必要があります。カテゴリーの自然な順序づけがある場合は、それを活用するのがよいでしょう。たとえば、カテゴリーが 0 − 10 歳、11 − 20 歳などといった年齢ごとの場合などは、数字順の並べ方がよいでしょう。

しかし、そのような自然な順序づけがない場合、どのような並べ方が最もよいかを考えます。この並べ方をよく考えておくことが、

相手に枠組みを提供し、データを解釈しやすくすることにつながります。

　先ほども述べましたが、通常、人は左上から見始め、「Z」状にジグザグと下りていきます。それは、つまりグラフの上部から見始めるということです。最も大きいカテゴリーが最も重要であれば、それを最初に持ってきて、残りは大きさ順に並べるのもよいでしょう。最も小さいものが重要であれば、それをいちばん上にして、順に大きくなるように並べましょう。

　データの論理的な順序についての具体例は、第9章のケーススタディ③を参照してください。

積み上げ横棒グラフ

　積み上げ縦棒グラフと同様に、積み上げ横棒グラフも異なるカテゴリーの合計だけでなく、その構成要素を示す場面で使えます。また、実数でも、100%の構成比でも作ることができます。全体に占める割合を示すには、100%の積み上げ横棒グラフが使いやすいでしょう。左端と右端の両方に一貫した基準線があるため、左右両端のセグメントも簡単に比較できるからです。

　たとえば、図2.19のように、リカートスケール（よくアンケートなどで利用される「強くそう思う」から「まったくそう思わない」までの選択肢を持つ尺度）をもとに収集した調査データを表現するためにも活用できます。

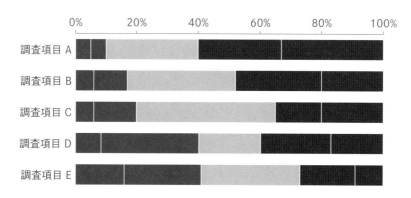

図 2.19　構成比を示す積み上げ横棒グラフ

面積グラフ

　私は、面積グラフをほとんど使いません。人は、2次元空間と定量的な値を視覚的に結びつけて理解するのが苦手だからです。そのため、面積グラフは、ここまで見てきたほかのグラフよりも、読みにくくなってしまいます。私は面積グラフを使うのをできるだけ避けますが、例外が1つだけあります。

　それは大きく異なる数値を表現するときです。四角形の2次元性（高さまたは幅だけに比べ、高さと幅の両方を持つこと）を活かせば、図2.20のように1次元での表現に比べて、サイズの違うものをよりコンパクトに表現できます。

採用活動の内訳

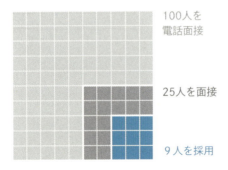

図 2.20　面積グラフ

ほかのタイプのグラフ

　これまでに紹介してきたグラフは、私自身がよく使用しているものであって、すべてのグラフを網羅したものではありません。しかし、ここで紹介したグラフで、一般的に使うものの大半は表現できます。新しいビジュアル表現に挑戦する前に大切なのは、基本をきちんと押さえておくことです。

　世の中には、ここで紹介している以外にもさまざまなグラフがあります。グラフを選ぶときに、何よりも重要なのは、相手に明確にメッセージを伝えられるかどうかです。よく知らない種類のグラフを使うときは、それが本当にわかりやすいかどうか、よく考えてから使いましょう。

回避したほうがよいグラフ

　ここまで、ビジネスシーンで最もよく使うグラフを見てきました。逆に、使わないほうがよいグラフもあります。具体的には、円グラフ（パイチャート）、ドーナツグラフ、3D、第2縦軸などです。

　それでは、これらについて説明しましょう。

「円グラフ」は必要ない

　私はかねてから円グラフを酷評しています。簡単に言うと、円グラフは正確ではないからです。私がこの結論に至った理由を、事例をもとに説明しましょう。

　図2.21に示す円グラフは、実際の例にもとづいて作られています。このグラフでは、A、B、C、Dの4つのサプライヤーの市場シェアを示しています。「どのサプライヤーが最も大きいですか？」という簡単な質問をされたら、何と答えるでしょうか？

サプライヤーの市場シェア

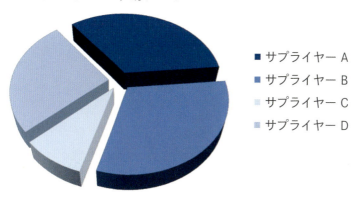

図 2.21　円グラフ

　ほとんどの人が、サプライヤーB（2番目に濃い青色の部分）が最も大きいと答えるでしょう。サプライヤーBが全体に占める割合を予想するとしたら、どれくらいだと思いますか？　35％でしょうか？　それとも40％？

　すでに何かがおかしいと感じているでしょう。このグラフに数字を加えるとどうなるか、図2.22を見てみましょう。

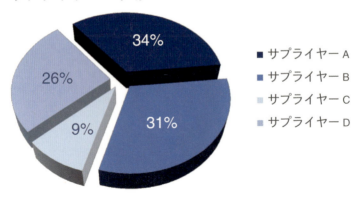

図 2.22　ラベルづけされた円グラフ

　サプライヤー B（いちばん大きく見えるセグメント）は 31％で、サプライヤー A よりも実際には小さいのです。

　このグラフで、データを正確に解釈するのを阻害している要因を説明します。最初に目につくのは、グラフに適用されている 3D と奇妙な傾きです。そのせいで、上にある部分が遠く小さく見え、下にある部分は近く、そして実際よりも大きく見えてしまっています。3D については、またくわしく説明しますが、ここでは 1 つのルールを伝えておきます。3D は使用してはいけません。3D はこの例で見たように、百害あって一利なしです。
　円グラフを平らにしたとしても、まだ解釈上の問題が残っています。人間の目は、2 次元空間に定量的な値を関連づけて読み取ることが得意ではありません。つまり、円グラフは読みにくいのです。円グラフの各セグメントのサイズが近い場合、どちらが大きいかを見分けることは、不可能ではありませんが難しいのです。各セグメントの大きさが異なる場合でも、読み取れるのはどちらが大きいかぐらいで、どのくらい大きいのかまではわかりません。データラベルを追加すれば、この問題を解

決できますが、それでも円グラフを使う価値はありません。

では、どうすればよいのでしょうか？

1つの方法としては、図2.23に示すように、円グラフを横棒グラフに変更することが考えられます。大きいものから順に、もしくは小さいものから順に並べます（それ以外の自然な並べ方がある場合は例外です）。

棒グラフを見るときには、目で長さを比較します。棒グラフは同じ基本線上に並んでいるので、相対的な大きさをひと目で比較できます。

そのおかげで、どのセグメントが最も大きいかが簡単にわかるだけでなく、それがほかのものよりどのくらい大きいかもわかります。

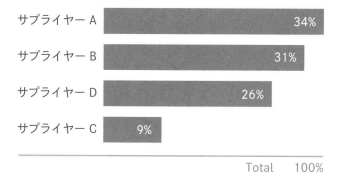

図2.23　円グラフの代替例

もしかすると、円グラフから棒グラフに変えることによって何かが失われるのではないかと懸念する人もいるかもしれません。円グラフの特徴は、全体と全体を構成する要素を示せることにあります。でも、そのグラフが読みづらいとしたら、そもそも何の意味があるでしょうか？図2.23は、これらの棒グラフが全体で100%になることを示しているので、その心配にはおよびません。完璧な答えではありませんが、検討に値するでしょう。

円グラフの代替方法については、第9章のケーススタディ⑤をチェックしてみてください。

円グラフをよく使うなら、一度立ち止まって、なぜ円グラフを選んでいるのかを自問してみてください。この質問に答えられたら、おそらく十分に考えて円グラフを選んでいるのでしょう。しかし、そうだとしても、円グラフはここで指摘したような解釈上の問題点があるため、おすすめできません。

円グラフに関連して、ドーナツグラフについても簡単に見てみましょう。

ドーナツグラフ

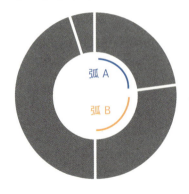

図 2.24　ドーナツグラフ

円グラフは、円の角度や面積を比較することを読み手に求めます。一方、ドーナツグラフは、異なる弧の長さを比較することを求めます（たとえば、図2.24では弧Aと弧Bを比較します）。弧の長さから定量的な値を読み取ることができますか？　それはかなり難しい作業です。ドーナツグラフは使用しないでください。

3Dは決して使わない

データビジュアライゼーションにおける、鉄則の1つは、「3Dは決して使わない」というものです。どうぞ繰り返して言ってみてください。「3Dは決して使わない」と。

3Dを使う唯一の例外は、実際に3次元をプロットする場合です（それも簡単にややこしくなるので注意が必要です）。1次元を表現するために、3Dは決して使ってはなりません。円グラフの例で見たように、3Dは数字をゆがめ、正しい解釈を妨げてしまいます。

グラフを3Dにすると、不必要な要素が追加されます。さらに値を3Dで表現しようとすると、とてもおかしなことが起こります。

たとえば、グラフ作成アプリケーションで3Dの棒グラフを作るとき、棒の前面か後面が値を示していると思うかもしれませんが、残念ながらそれほどシンプルではありません。エクセルでは、棒の高さは、縦軸と交差する見えない平面によって決定されます。これは、図2.25に示すようなグラフを生み出します。

課題の数

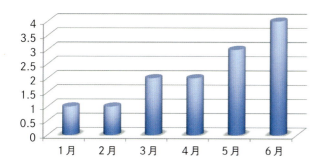

図2.25　3D棒グラフ

図2.25から判断すると、1月と2月の課題の数はどれくらいあるでしょうか？　これらの月はそれぞれ1つずつ課題が発生しているのですが、それぞれの棒の高さからは0.8ぐらいに見えてしまいます。これは

ひどいデータビジュアライゼーションです。何度も言いますが、3Dは決して使用しないでください。

第 2 縦軸はできるだけ使わない

同じ横軸に対して、まったく異なる単位のデータをプロットすることが有効な場合があります。多くの場合、それが第 2 縦軸を使用する理由になっています。図 2.26 の例を見てみましょう。

図 2.26　第 2 縦軸

図 2.26 でどのデータがどの軸に対応しているのかを理解するには、頭と時間を使う必要があります。だから、第 2 縦軸または右縦軸の使用をおすすめしないのです。代わりに、つぎのいずれかの方法で対応できないか考えてみてください。

1．第 2 縦軸を使う代わりに、データに直接ラベルをつける
2．同じ横軸を活用しつつ、グラフの縦軸を 2 つに分ける

図2.27は、上の2つの選択肢を示しています。

図 2.27　第 2 縦軸を避ける方法

　ここで示していない第3の選択肢として、色を使用して、データとそれぞれに対応する軸を関連づける方法もあります。たとえば、図2.26に示されたもとのグラフでは、左の縦軸のラベルに青字で「収益」と書き、収益の棒を青色にします。同時に、右の縦軸に「営業人員数」とオレンジ色で書き、線グラフをオレンジにして視覚的に関連づけるのです。

　ただし、色はほかの部分でもっと戦略的に活用できるため、この方法はあまりおすすめしません。色については、第4章でよりくわしく見ていきます。

　2つの異なるデータを同じ軸に対して配置することは、存在するかどうかわからない関係性を暗示することでもあります。その点も考慮して、適切な表現方法かどうかを判断しましょう。

　第2縦軸を使う代わりに、図2.27に示した方法を使う場合は、詳細な情報がどれだけ必要か考えてください。
　代替案1は、各データポイントがはっきりと明示されているため、そ

れぞれの数字に注目が集まります。代替案2は、縦軸が左に示されているため、全体のトレンドがより注目されます。一般的に、第2縦軸は避け、これらの代替案のいずれかを採用するとよいでしょう。

まとめ

　この章では、私が最もよく使うグラフやビジュアル表現を紹介してきました。もちろん、ここで紹介したもの以外のグラフを使うこともありますが、ほとんどの場合は紹介したグラフで十分です。

　ビジュアル表現の正解は、1つではありません。特定の内容を表現するときには、それにふさわしいさまざまな表現があるでしょう。第1章のコンテキストに関する章でも紹介しましたが、最も重要なのは「何を相手に知ってもらう必要があるのか？」です。それを明確に表現できるビジュアルを選びましょう。

「いまの状況で、使用すべきグラフは何か？」と考えているなら、答えはいつも同じです。「相手が最も読みやすいもの」です。
　これを試す簡単な方法があります。それは、グラフを作り、友人や同僚にそれを見せることです。情報を理解する際に、どこに注意がいくか、何が見えるか、そこから何がわかるか、どのような質問が浮かぶか、などについて説明してもらいましょう。そうすれば、必要な情報を的確に表現できているか、そうでない場合はどこを変更すればよいかを理解できます。

　ここまでで、データを使ってストーリーを語るための第2のレッスン、**「相手に伝わりやすい表現を選ぶ」**は終了です。

第3章

不必要な要素を
取りのぞく

　資料を作成するときに、何もないコンピュータの画面に要素を1つ加えるごとに、相手に理解するための負荷（認知的負荷、Cognitive Load）を与えることになります。要素を加えたぶん、受け手に頭を使わせることになるのです。ですから、資料やスライドに新たな要素を加えるときには、吟味する必要があります。重要な情報を伝わりにくくさせる要素や資料にのせるに値しない要素は、取りのぞきましょう。

　この章の目的は、相手が情報を受け取りにくくする要素を取りのぞき、より見やすく整理する方法を知ることです。

「認知的負荷」を最小限に押さえる

　あなたもきっとどこかで「認知的負荷」を感じたことがあるでしょう。

　たとえば、会議室に座っていて、非常に細かく書きこまれた複雑なス

ライドを見たときに、「うっ」と声が出そうになったことはないでしょうか?

あるいは、レポートや新聞を読んでいて、「おもしろそうだけど、ここから何を読み取ればいいかわからない」と思い、時間をかけて読みこんで理解するのをやめて、つぎのページをめくったというような経験はないでしょうか?

これらは、不必要な認知的負荷の体験だと言えます。

人が情報を受け取るときには、いつでもこの認知的負荷がかかります。認知的負荷とは、新しい情報を得るために必要となる脳の働きのことです。コンピュータで仕事をするときには、コンピュータの処理能力に依存します。また、誰かに仕事をしてもらうときも、その相手の脳の処理能力に依存しているのです。人間の脳の処理能力には限界があります。そのため、資料作成者は、どのようにすれば相手が情報を受け取りやすくなるかを、よく考える必要があります。余計な認知的負荷は、相手の頭の処理能力を使わせるだけで、情報を理解するうえでは何の役にも立ちません。このような負荷は取りのぞいたほうがいいのです。

ビジュアルコミュニケーションでは、認知的負荷はきわめて重要です。認知的負荷は、相手がほとんど意識しない受けとめ方を決めるものであり、相手にメッセージが伝わるかどうかを決めるものだからです。

この認知的負荷を、最小限(でも、情報が十分に伝わる程度)に抑えることを考えるようにしましょう。

クラターを減らしたほうがいい理由

過剰または無関係な認知的負荷を作り出す原因を、私は「クラター(ごちゃごちゃ)」と呼んでいます。クラターとは、スペースを取るばかりで、何の理解もうながさないビジュアル要素のことです。ここから、どんなものがクラターに該当するのか、具体的に見ていきましょう。

その前に、なぜクラターは悪いものなのでしょうか？　クラターを減らしたほうがいい単純な理由は、資料を必要以上に複雑に見せてしまうからです。

ビジュアルコミュニケーションでは、このクラターのせいで、相手に理想とはかけ離れた不快な体験をさせます（この章の冒頭で出てきた「うっ」という瞬間のことです）。クラターは、資料を実際よりも複雑に見せてしまうのです。資料が複雑に見えると、相手が理解しようとしてくれなくなるリスクがあります。その時点で、コミュニケーションが成立しなくなってしまいます。それは絶対に避けなければなりません。

「視覚認知のゲシュタルトの法則」でクラターを識別

どれが伝えたい情報で、どれがクラターかを識別するためには、**視覚認知のゲシュタルトの法則**（Gestalt Principles of Visual Perception）が参考になります。

ゲシュタルト心理学は、1900年代初頭に、人間がどのように周りの世界の秩序を認知するのかを示しました。人々が視覚刺激をどのように受け取り、秩序を見出すのかを説明したこの法則は、今日でも受け入れられています。

ここでは、「近接」「類似」「囲み」「閉合」「連続性」「接続」という6つの法則を説明します。それぞれの法則を表またはグラフに応用した例も一緒に紹介していきましょう。

近接

人は、物理的に近くにあるものを、同じグループに属するものとしてとらえる傾向があります。「近接」の法則は、図3.1に示されています。これらの点同士の間隔により、3つの異なるグループに見えるのが自然でしょう。

図 3.1　ゲシュタルト「近接」の法則

　この見え方を表のデザインに応用できます。図 3.2 では、単に点同士の間隔を変えただけで、1つめの例では、自然と目は列を追い、2つめの例では行を追います。

図 3.2　点の配置間隔の違いにより、行と列に見える

類似

　類似の色、形状、サイズ、向きを持つもの同士を、同じグループとしてとらえます。図 3.3 の左の例では青い点、右の例ではグレーの四角が同じグループに見えるでしょう。

図 3.3　ゲシュタルト「類似」の法則

この法則は、表の中で見てほしい部分に、相手の目を向けさせたいときに活用できます。図3.4では、色の類似性が、縦に列を追うのではなく、横に行を見ていくための道標となっているのです。こうすると表の罫線も必要なくなります。

図 3.4　色の類似性により行に見える

囲み

　人は物理的に一緒に囲まれているものを同じグループとみなします。ハッキリした囲みが必要なわけではありません。多くの場合、図3.5に示されているように、薄いグレーの影だけで十分です。

図 3.5　ゲシュタルト「囲み」の法則

「囲み」の法則を活用して、図3.6のグラフのように視覚的に区別をつける方法もあります。

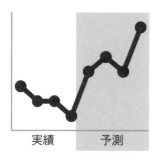

図 3.6　実績データと予測データを影で分けている

閉合

「閉合」の法則は、人は自分の頭の中にある構造にあてはめること好むというシンプルな原理にもとづいたものです。そのため、個々の集合体をすでに知っているわかりやすい形としてとらえようとします。もし全体の一部が欠けていたとしても、目は勝手にその差を埋めようとするのです。たとえば、図3.7はまず円としてとらえられ、つぎに初めて個々の要素として認識されます。

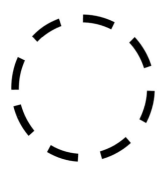

図 3.7　ゲシュタルト「閉合」の法則

　エクセルのようなグラフアプリケーションでは、一般的な初期設定に、

グラフの境界線や背景色といった要素が含まれています。「閉合」の法則は、これらが不必要であることを示しています。境界線や背景色を削除しても、1つのまとまったグラフに見えるのです。不必要な要素を取りのぞくと、図3.8の右に示すように、データがより際立って見えます。

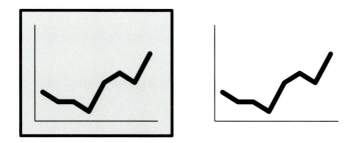

図 3.8　グラフは境界線や背景色がなくても成立する

連続性

「連続性」の法則は、「閉合」に近いものです。あるものを見たときに、人の目は、最も自然な形を追求し、それが明らかに存在しない場合でも、勝手に連続性を作り出します。図3.9を見てみましょう。もし1番（左）の2つの長方形を離した場合、3番（右）のようになる可能性が高いにもかかわらず、ほとんどの人は2番（中央）のような形を想像するのです。

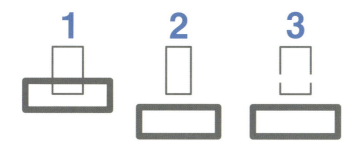

図 3.9　ゲシュタルト「連続性」の法則

この法則をもとに、図3.10のグラフから完全に縦軸を削除しました。それでもラベルとデータの間に等間隔の余白があるため、それぞれの棒グラフが同じ基準線に並んでいるように見えるでしょう。「閉合」の例と同じく、不必要な要素を取りのぞけば、データがより目立ちます。

図 3.10　縦軸を取りのぞいたグラフ

接続

　最後のゲシュタルトの法則は「接続」です。線などで物理的につなげられているオブジェクト同士を同じグループの一部とみなします。接続は、一般的に色、サイズ、形状よりも強い関連を連想させます。図3.11では、あなたの目はおそらく、色、サイズ、形状の関連性よりも、線で接続された形同士をペアとしてみなすでしょう。それが「接続」の原則です。「接続」の特性は、一般的に「囲み」ほど強くありませんが、接続する線を濃く太くして、強調することができます。

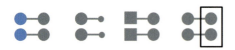

図 3.11　ゲシュタルト「接続」の法則

図3.12では、線グラフでデータで見せたい順番を示すために、「接続」の法則を活用しています。

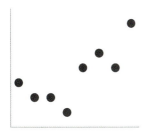

図 3.12　点を線でつなげたもの

　ここまで学んだように、視覚認知のゲシュタルトの法則によって、人々のものの見方を理解すれば、不必要な要素を見分けることができます。それによって、ビジュアルコミュニケーションをより円滑に進められます。この章の最後に、これらの原則を適用する方法を実際の例にもとづいて紹介していきましょう。

　その前にいくつかほかのクラターについて見てみましょう。

資料を読みやすくする「整列」と「ホワイトスペース」

　よくできたデザインは、人に負担を感じさせないものですが、悪いデザインは、負担を感じさせます。視覚的秩序と、その欠如がビジュアルコミュニケーションにどのような影響するのかを見ていきましょう。

　図3.13は、ある非営利団体が取引業者を選定する際に重視した内容についてまとめたものです。それぞれ要素の配置について気づいたことがあれば、メモをとっておきましょう。

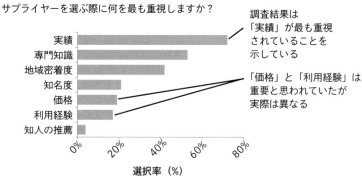

図 3.13　調査結果のまとめ

　もしかしたら、「このグラフは結構よくできている」と思った人もいるかもしれません。たしかに「最悪」ではありません。
　よい点をあげると、何を読み取るべきかがきちんと書かれてあり、グラフは整列されており、ラベルもつけられています。特筆すべき観察結果も、グラフと関連づけて書かれています。
　ただし、ページ全体のデザインと各要素の配置については、改善の余地があります。全体的に、さまざまな要素が配置を意識せずにランダムに配置されているため、無秩序で見にくくなっているのです。
　このグラフをいくつか変更すれば、視覚的秩序を作ることができます。図3.14を見てみましょう。グラフの内容はまったく同じで、要素の書式と配置のみ変更されています。

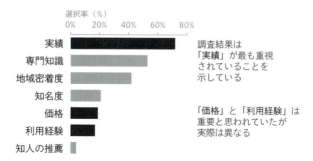

図 3.14　調査結果のまとめ（改良版）

　オリジナルに比べて、修正されたもののほうが、明らかに見やすくなっています。それは視覚的秩序があるからです。ページ全体のデザインと要素の配置について、意識的に工夫されていることが一目瞭然です。修正されたものは、整列とホワイトスペースに注意してデザインされています。くわしく見ていきましょう。

整列

　最も効果的な変更は、中央揃えの文章（タイトル、サブタイトル、出所）を左揃えにしたことです。変更前の図では、ページ上のテキストが中央揃えになっているため、左端も右端もガタガタになり、だらしない印象を与えます。中央揃えのテキストは、できるだけ避けたほうがいいでしょう。左もしくは右のどちらに整列させるかは、ページ上のほかの要素とのバランスを考慮して決めます。各要素とホワイトスペースが水平方向と、垂直方向の両方できれいに並んでいる状態を作るようにします。

プレゼンテーションソフト内での整列方法

プレゼンテーションソフトでは、ルーラーまたはグリッドの機能を活用しましょう。ルーラーまたはグリッドを使うことで、要素をきれいに配置することができ、整理された印象の資料を作ることができます。その場しのぎの強引な方法ではあるものの、テーブル機能（表挿入機能）も活用できます。テーブルを個別の要素を配置するためのガイドラインとして使い、すべてのものがきれいに配置されたらテーブルを消してしまうか、罫線を透明にして中身だけ見えるようにしましょう。

　視覚的に目立ったものが何もなければ、人は一般的にページや画面の左上から見始め、「Z」の形で視線を移動しながら、情報を読み取ります。そのため、表やグラフでは左のいちばん上に文章（タイトル、軸ラベル、凡例など）を置くとよいでしょう。こうすれば、相手がデータを読む前に、どのような情報を得られるかを確認できます。

　整列の議論の一環として、**斜めの配置**について少し考えてみましょう。

　もとのバージョン（図3.13）は、データとその要点を示した説明文が斜めの線で結ばれており、横軸のラベルも斜めに描かれています。

　一方で、修正されたバージョンでは、斜めの線はなくなり、横軸のラベルは水平方向に変更されました。一般的に、斜めに描かれた線や文章はおすすめできません。斜めに配置された要素は乱雑に見えると同時に、読みにくくなるからです。ある研究（ウィグドー＆バラクリシュナン、2005）によれば、45度の方向に回転された文章は、傾きのない一般的な文章に比べて読む速度が平均で52％遅くなることがわかりました。90度回転した文章は、平均で205％遅くなります。ページ上の要素を斜めに配置してはいけません。

ホワイトスペース

　人々はなぜかページ上の「ホワイトスペース」を恐れる傾向があります。「ホワイトスペース」とは、ページ上の空白・余白のことです。資料の背景が青であれば、青いスペースがそれにあたります（そもそもなぜ背景を青にするのかも理解できませんが……）。
「まだ空白の部分があるから、そこに何かを追加しよう」「空白があるから、もっとデータを追加しよう」。このような意見を聞いた覚えはありませんか？　空白があるからといって、データを追加してはいけません。特定の目的があるときにのみ、データを追加しましょう。

　このホワイトスペースを使いこなしましょう。
　ビジュアルコミュニケーションにおけるホワイトスペースは、人前でのスピーチにおける「間」と同じくらい重要なものだからです。誰でも「間」が存在しないプレゼンテーションを聞いた経験が一度くらいはあるでしょう。たとえば、こんな感じです。

前にスピーカーがいておそらく神経が高ぶっているかもしくは割り当てられた時間の中で話せる以上の内容を話そうとしているためにものすごい早口で話していてあなたは彼らが息をする間もないのではないかと思いつつ質問をしようにもスピーカーはつぎのトピックに移ってしまい未だに質問をすることができそうな間が一度もない

　この句読点がつけられていない文章を読んで感じたのと同じように、間がないスピーチは聞き取りにくいのです。

　それでは、代わりに同じスピーカーが、1文だけ言ったとしたらどうでしょうか？

「円グラフを撲滅しよう！」

そして、その1文を浸透させるために15秒間完全に黙ります。

さあ、大声で言ってみてください。そしてゆっくりと15まで数えます。

これが印象的な間です。

そして、人の注意をひきつけます。

戦略的にホワイトスペースを使うことは、ビジュアルコミュニケーションでも有効です。間のないスピーチと同様に、ホワイトスペースがない資料は情報を受け取りにくくさせます。当然ながら、ビジュアルコミュニケーションでは、相手がわかりにくいと感じることはなるべく避ける必要があります。

ここで、ホワイトスペースを残すために、いくつか最低限のガイドラインを紹介します。

・余白には、テキストや画像がないようにする

・スペースを埋めるために、画像を引き延ばすようなことはしない

・画像は、内容にふさわしいサイズにする

これらのガイドラインに加えて、先ほど紹介した「間」の例のように、戦略的に「ホワイトスペース」を使えないかを考えましょう。

本当に重要なことが1つであれば、ページ上にそれだけを書くのもよいでしょう。それは1つの文章かもしれませんし、1つの数字かもしれません。ホワイトスペースの戦略的な使い方については、第5章で審美性を説明する際に、具体的な例を見ていきます。

「コントラスト」で読み手の視線をコントロールする

　明確なコントラスト（メリハリ）は、どこに注目すればいいかを読み手に示すサインになります。

　一方で、明確なメリハリがなければ、視覚的なクラターの1つとなってしまいます。メリハリの重要性を説明するときに、私はデータ・ビジュアライゼーションの専門家、コリン・ウェアの比喩をよく引用します（『Information Visualization』2004）。

「ハトでいっぱいの空にタカを見つけるのは簡単だが、鳥の種類が増えるにつれてタカを見つけることが難しくなる」

　このたとえは、ビジュアルデザインにおける戦略的なメリハリについて、多くの示唆を与えてくれます。さまざまな要素を増やせば増やすほど、かえって何も目立たなくなるのです。別の言い方をすると、相手に知ってもらうべきもの、見てもらうべき重要なもの（タカ）がある場合は、それをほかの部分とまったく違うものにする必要があるということです。

　この考えをさらに理解するために、具体例を見てみましょう。

　あなたは小売店で働いているとします。顧客が自店でのショッピング体験について、競合店と比べてどのように感じているかを理解したい、その情報を収集するための調査から、何が読み取れるかを知りたいと考えています。そこで調査結果から各カテゴリーの加重評価指数を計算し、グラフを作成しました。図3.15は、自店と競合5店の結果を示しています。

　これを見ながら、どのように情報を読み取ったか、メモをとってください。

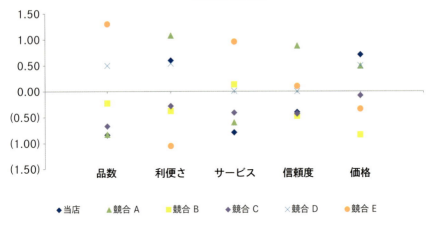

図 3.15　もとのグラフ

　図3.15をひと言で言うと、何でしょうか？　ごちゃごちゃしている、混乱させる、疲れさせる、といったような言葉が頭に浮かぶでしょう。このグラフでは多くのことが表現されています。つまり、情報を盛り込みすぎていて、どこを見ればよいのか、相手にわかりにくくさせてしまっているのです。

　先に述べたように、グラフのデータは加重評価指数です。ここでは計算方法の詳細については、気にしなくてもかまいません。ただ、これが、「当店」（青ダイヤ）と「競合」をさまざまなカテゴリー（横軸にある、品数、利便さ、サービス、信頼度、価格）で相対的に比較し評価したものだ、ということを念頭に置いてください。高い指数が高い評価を、低い指数が低い評価を表わしています。

　下の凡例とデータ間で目をいききさせながら、グラフを解読するのは時間がかかります。このグラフから何らかの情報を読み取りたいと強く思っていたとしても、それはほとんど不可能です。「当店」（青ダイヤ）がしばしばほかのデータポイントによって隠されており、最も大切な部

分を比較できなくなっているからです。

これは、メリハリの不足（ほかのデザイン上の問題も含め）が、必要以上に情報をわかりにくくしてしまっているケースです。

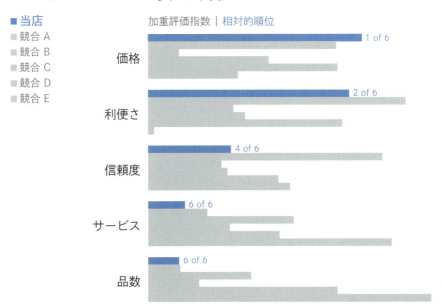

図 3.16　修正後のグラフ、戦略的に対比を強調

図3.16を見て、よりよいコントラストの使い方について考えてみましょう。

修正後のグラフでは、いくつかの点を変更しました。
　まず、情報を表現するビジュアルとして、横棒グラフを選びました。またすべての数字を正の値で表現するよう、計算し直しています。もともとの散布図ではいくつか負の値があったため、問題を複雑にしていた

のです。ここでは実数よりも相対的な差を見せたいため変更しました。もともとの例で横軸にあったカテゴリーは、縦軸に移動しています。

　それぞれのカテゴリー内では、「当店」（青）と「競合」（グレー）の評価が棒グラフで示されています。棒の長さは評価の高さを表わしています。横軸の値は、読み手が特定の数字を気にせずに、相対的な順位に注目するようにわざと消したのです。

　この変更には、つぎの2つの効果があります。
1．青い棒グラフを全体的に眺めれば、さまざまなカテゴリーにわたって「当店」が相対的にどう評価されているのかを把握できる。
2．グレーの棒グラフと青色の棒グラフを比較すると、それぞれのカテゴリーの中で「当店」が競合に比べ、どの程度評価されているのかを理解できる。価格の面では勝っているが、サービスや品数では負けている、というようなことがわかる。

　左上に掲載されている凡例の順序（Aは青い棒の下、Bはその下…など）にもとづいて、競合は区別されます。各競合をひと目で見分けることが必要な場合は、このデザインでは無理があります。

　しかし、競合同士を区別することがそれほど重要でなければ、このアプローチはうまく機能します。変更後のグラフでは、カテゴリーを「当店」の評価が高いものから低いものへと並べ替えました。それによって読み手が情報を読み取る際の骨格を作り、「当店」がそれぞれのカテゴリーで、どう評価されているのかが理解しやすくなります。

　よく考えられたデザインと効果的なメリハリによって、はるかに早く、簡単に、そして快適に情報を読み解くことができるのです。

88

ステップ・バイ・ステップで「クラター」を取りのぞく

　クラターとはどういうものか、なぜクラターをなくすことが重要か、そしてどうやってそれを見分けるかを説明しました。今度は実際の例をもとに、クラターを見つけ、取りのぞき、ストーリーを明確にしてみましょう。

シナリオ：あなたはITチームの管理職だとします。あなたのチームは、技術的な問題が発生するとチケットを受け取ります。昨年チームメンバーの数人が退職しており、その時点では人員の補充をしていません。増えた仕事量について残っている従業員の不満も聞こえてきます。あなたはいま、来年の採用とその必要性を検討するように求められています。

　また、昨年退職した人たちが抜けた穴が、チームの生産性にどのような影響を与えたかを知りたいと思っています。そこで、昨年の受け取ったチケット（受取チケット）と対応できたチケット（対応済チケット）の毎月のトレンドをグラフにしてみました。それを見ると、人員が不足していることによって、明らかにチームの生産性が下がっていることがわかります。検証のために作ったこのグラフを、人員採用を要求するための資料として作り替えたいと考えています。

第3章　不必要な要素を取りのぞく　89

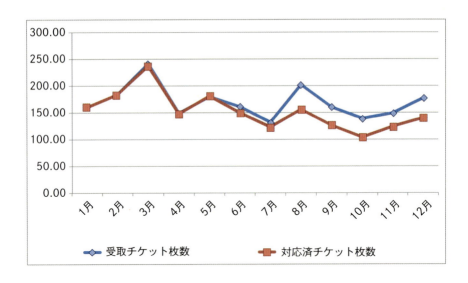

図 3.17　もとのグラフ

　クラターを見つけるつもりで、グラフをもう一度見てみましょう。ゲシュタルトの法則、整列、ホワイトスペース、コントラストで学んだことを思い出してみましょう。何を取りのぞくことができるでしょうか？何を変更できるでしょうか？　どれだけの問題を見つけられますか？
　ここでクラターを減らすために、6つの大きな変更を加えました。それぞれについて説明していきましょう。

1．グラフの囲みをとる

グラフの囲みは、ゲシュタルト「閉合」の法則で説明したように、基本的に必要ありません。ページ上のほかの要素からグラフを区別するためにホワイトスペース（空白）を利用しましょう。

図 3.18　グラフの囲みをとる

2．グリッド線を削除する

　グリッド線があることでデータがより読み取りやすくなると感じる場合には、グリッド線を残してもよいでしょう。その場合は、線を細く、薄いグレーなどにして、グリッド線がデータを邪魔しないようにしましょう。グリッド線を完全になくすことができれば、コントラストによって、データがより目立つようになるでしょう。

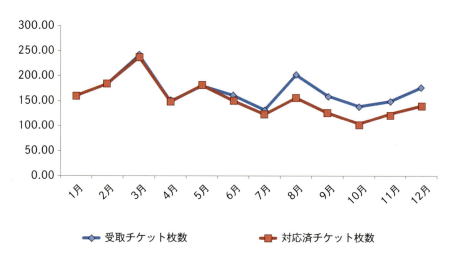

図 3.19　グリッド線を削除する

3．データマーカーを削除する

　要素が1つ増えるごとに、相手の認知的負荷を増やすことになります。データマーカー（折れ線グラフの点についた■や▲の印）は、すでに線で描かれている情報に余計な要素を追加します。データマーカーを決して使ってはいけないということではありません。ソフトウェアの設定がそうなっているからという理由ではなく、目的があって使うのであればよいのです。

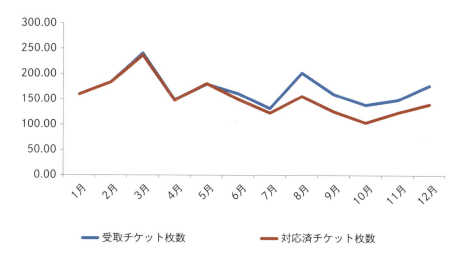

図 3.20　データマーカーを削除する

4．軸ラベルを整理する

　縦軸に表示されるたくさんのゼロは相手をイライラさせます。それらは何ら有益な情報を伝えず、しかも数字を実際よりも複雑に見せてしまいます。軸ラベルを整理し、相手の負担を軽減しましょう。また、横軸の斜めのテキストをなくし、水平に収まるようにします。

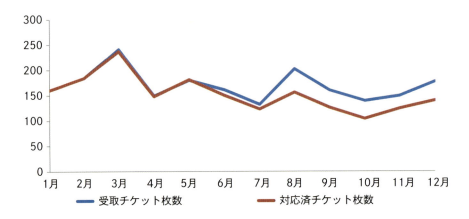

図 3.21　軸ラベルを整理する

5．データに直接ラベルをつける

　ほかの余分な要素を削ったことにより、データと凡例の間を目をいききする負担が目立つようになりました。相手が負担に感じるものは、すべて減らすように努力する必要があります。この場合は、ゲシュタルト「近接」の法則を利用して、データラベルをデータの右隣に配置しました。

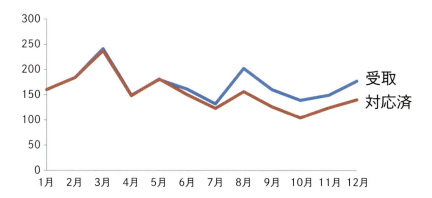

図 3.22　データに直接ラベルをつける

6．類似色の活用

5のステップではゲシュタルト「近接」の法則を活用しました。ここでは、ゲシュタルト「類似」の法則を活用してデータとデータラベルを同じ色にします。こうすれば、色が2つの情報と関連していることを示す視覚的な手がかりになります。

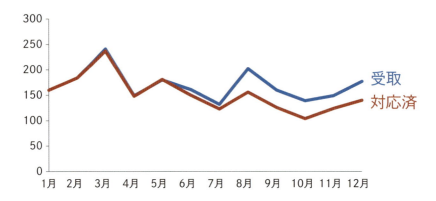

図 3.23　類似色を活用する

このグラフはまだ完成ではありません。しかし、クラターを見つけ取りのぞくことで認知的負荷を軽減しわかりやすくする、という点では大きく進歩しました。図3.24で修正前と修正後のグラフを見てみましょう。

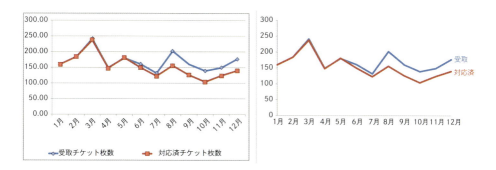

図3.24　修正前と修正後

まとめ

　相手に情報を伝えるときには、相手に認知的負荷をかけたうえで、情報を理解させることになります。クラターは、メッセージが伝わりにくくなるような認知的負荷を作り出します。
　本章で紹介したゲシュタルトの法則を意識すれば、受け手が物事を見る方法を理解しやすくなります。さらには、不必要な視覚的要素を取りのぞいてくれます。要素を「整列」させ、「ホワイトスペース」を残すことで、より見やすく、より理解しやすい図表になるのです。戦略的にコントラストを使いましょう。
　クラターは、あなたの敵です。資料を作るときには、クラターは不要です。これで、**クラターを特定し、取りのぞく方法**がわかりました。

第4章

相手の注意を
ひきつける

　前章では、ビジュアル表現のクラター、つまり相手の理解を妨げる要素を特定し、それを取りのぞくことが重要だと学びました。不必要なものを削除したら、今度は何を残し、相手にどのように読み取ってもらうのかを考えましょう。

　この章では、人がどのようにものを見るかにふれつつ、それを図表やグラフに活用する方法を紹介していきます。視覚や記憶について簡単に説明したあと、**無意識的視覚情報**（無意識で**知覚する情報**、preattentive attributes）について学びます。ここではサイズ、色、位置などの無意識的視覚情報を戦略的に活用する2つの方法を紹介します。

　1つめは、無意識的視覚情報を使って、集中して見てもらいたいところに相手の注意を向けさせる方法です。

　2つめは、あなたの意図どおりに相手がそれを受け取るよう、視覚の優先順位をつける方法です。

人がどのように情報を処理するのかを理解すれば、より効果的にコミュニケーションをとることができるようになります。

人は「脳」でものを見る

　図4.1は、人がものを見る仕組みを簡単なイラストにしたものです。「見る」ときには、脳はつぎのように処理をします。光が刺激にあたって反射します。それを目がとらえます。いくつかの処理が行なわれますが、ここで「見る」という行為は完結しません。「視覚」と言われるものの大部分は、目ではなく脳の中で起こっているのです。

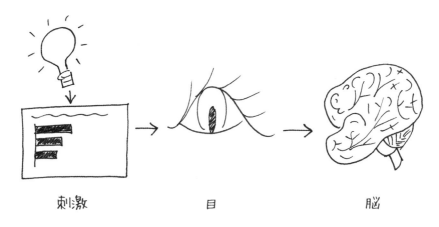

図 4.1　人がものを見る仕組み

映像記憶・短期記憶・長期記憶が果たす重要な役割

　記憶には、映像記憶・短期記憶・長期記憶の3つがあります。ビジュアルコミュニケーションでは、それぞれの重要な役割を理解することが大切です。ここから、ビジュアルコミュニケーションをデザインするうえで知っておきたい、記憶に関する基本的なことを説明します。

映像記憶

映像記憶は超高速です。意識せずとも周りの世界を見たときに、自動的に起こります。なぜでしょうか？

大昔、進化の過程では、捕食者たちの存在があったため、ヒトは見たものを効率的に処理し、すばやく反応するように発達しました。具体的には、環境の中で異なるもの、たとえば捕食者が遠くで動いているところをすばやく見つける能力は、ヒトの本能となりました。その能力は、もともと生き残るためのものでしたが、効果的なビジュアルコミュニケーションにも活用できます。

情報は短期記憶に転送される前に、ほんの一瞬だけ映像記憶にとどまります。そして、映像記憶はいくつかの無意識的視覚情報によって誘発されます。無意識的視覚情報は、ビジュアルデザインの中で重要なツールですので、のちほど詳細に見ていきます。

短期記憶

短期記憶には限界があります。一定の時間、短期記憶にとどめておける視覚情報は約4つです。たとえば10個の異なるデータ系列でグラフを作成し、10の異なる形、色のデータマーカーの凡例をつけたとします。そうすると情報が多すぎて、相手はデータと凡例をいったりきたりしなければならず、大きな負担を感じながらデータを解読することになります。前に述べたように、できるかぎり、相手に認知的負荷をかけないようにする必要があります。情報を取得するための負担がかかると、相手に見てもらえない危険性があります。そうなると、そもそも相手に何かを伝えることすらできなくなってしまいます。

解決策としては、第3章で取り上げたゲシュタルト「近接」の法則を活用して、データに直接ラベルをつける方法があります。より一般的な対応策としては、相手の限られた記憶の容量に収まるように、情報の固まりを作る必要があります。

長期記憶

何かが短期記憶を離れるときには、完全に忘れ去られるか、または長期記憶に保存されます。長期記憶は生涯をかけて構築され、パターン認識と一般的な認知処理の中できわめて重要な役割を果たしています。

長期記憶は、言語記憶と視覚記憶という2つの記憶の集合体です。言語記憶は、神経のネットワークによってアクセスされ、思い出すための道筋が重要になります。一方で、視覚記憶はそれとは異なる構造で機能します。

相手にメッセージを覚えてもらおうとするとき、長期記憶の性質で活用できる点がいくつかあります。とくに重要なのは、画像は言語記憶にあるものをすばやく思い出させやすくすることです。たとえば、エッフェル塔の写真を見ると、それに関連する知識や感情、またパリでの思い出などが湧き水のようにあふれてくるでしょう。長期記憶は、画像と言葉を組み合わせるとより形成されやすくなるのです。これについては、第7章のストーリーテリングと合わせてくわしく説明します。

相手が「認識する前」に見せたいものを見せる方法

前のセクションで、映像記憶は無意識的視覚情報に関連していると紹介しました。無意識的視覚情報の力を理解するには、それを実際に見るのがいちばんです。図4.2は、数字の集合体です。この中に「3」という数字がいくつあるかを数えてください。自分がどのように情報を処理するか、それどのくらい時間がかかるかをメモしておいてください。

75639506 8473
65866303 7576
86037265 8602
84658910 7830

図 4.2 3を数える

　正解は6つです。図4.2では、結論を導くための視覚的な手がかりがなく、4列の文字を「3」を探しながら、注意深く見なければなりませんでした。

　それではこれに変更を1つ加えたときに、何が起こるか見てみましょう。ページをめくり、図4.3を見ながら「3」の数字を数えてみてください。

7563950684**73**
658663037576
860372658602
846589107830

図 4.3 無意識的視覚情報をもとに 3 を数える

　先ほどと同じ作業がどれくらい速くできたでしょうか？　まばたきし
たり考えたりする間もなく、6つの「3」が見えたことでしょう。2つめ
の例では、映像記憶が活用されているため、速く情報が処理できたので
す。

　ここでは「色の濃さ」という無意識的視覚情報によって、「3」をほか
の数字と区別し、際立たせました。それによって、意識的に考えるまで
もなく、簡単に「3」を選別できるようになったのです。

　ほんの一例ですが、無意識的視覚情報は驚くべき、パワフルなツール
です。戦略的にこれを活用すれば、**相手が認識する前に見せたいものを
見せることができるのです！**　重要性を強調するために、私がいま使用
した無意識的視覚情報にも注意してみてください。

　図4.4は、さまざまな無意識的視覚情報を示しています。

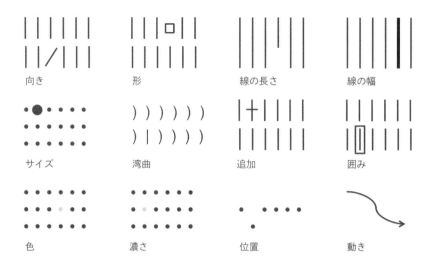

出所:スティーブン・フュー『Show Me the Numbers』(2004)

図 4.4　無意識的視覚情報

　図4.4では、目は自然に各グループで、ほかの部分と異なる要素を見つけるでしょう。これは脳が環境の中の違いにすぐ気づくようにプログラムされているからです。

　1つ注意すべきことは、いくつかの(すべてではありません)無意識的視覚情報は定量的な大きさと関連づけられる傾向があることです。たとえば、ほとんどの人は、短い線よりも長い線のほうが大きな値を示すと考えます。これは棒グラフが理解しやすい一因でもあります。しかし色はそのようには解釈されません。「赤と青のどちらが大きいか?」という質問はそもそもナンセンスです。

　これは大切なことです。定量的な情報を伝えるために、どのような属性が活用でき(線の長さ、空間上の位置、もっと細かく言うと線の太さ、サイズ、濃さなどは相対的な大きさを示すために使える)、また質的な情

報を示すためには何が適しているかを決めるからです。

　無意識的視覚情報は、以下の2つのことを行なうのに非常に有効です。
（1）相手の注意を意図するところに、すばやく集める
（2）情報に視覚的な優先順位をつける

　それでは、まずは文章で、つぎにグラフで例を見てみましょう。

「無意識的視覚情報」で文字に優先順位をつける

　文字（テキスト）の固まりを見たときに、視覚的な手がかりが何もなければ、それをただひたすら読むことしかできません。しかし、無意識的視覚情報を慎重に利用すれば、変化が起こります。
　図4.5は、いくつかの無意識的視覚情報を文章に活用する方法を示しています。最初の文字の固まりは、無意識的視覚情報を使っていません。これは、手がかりなしに「3」の数字を数えるのと同じ状況を生み出します。まず文字を読み、何か重要な情報はないかを探し、そして全体を理解するために再度読む必要があるでしょう。

　無意識的視覚情報を活用すると、情報の処理の仕方がどのように変化するかを見てましょう。つぎの文章の固まりは、それぞれ1つずつ無意識的視覚情報を使っています。それぞれの無意識的視覚情報が、どのように注意をひき、どれがより目立つかを見てください（たとえば色や大きさはとても目立つ一方、イタリックは控えめです）。

無意識的視覚情報なし

私たちの強みは何か？ 優れた製品。
これらの製品は明らかに最高クラスです。
必要なときに交換部品が送られてきます。
依頼する前に、部品を送ってくれました。
問題はすぐに解決されます。経理部のボブは
請求書の問題もすばやく解決してくれました。
そのほかの顧客サービスも期待を上回ってい
ます。営業時間外であっても、アカウント
マネジャーが電話をして確認をしてくれました。
すばらしいサービスをありがとう！

強調

私たちの強みは何か？ 優れた製品。
これらの製品は明らかに最高クラスです。
必要なときに交換部品が送られてきます。
依頼する前に、部品を送ってくれました。
問題はすぐに解決されます。経理部のボブは
請求書の問題もすばやく解決してくれました。
そのほかの顧客サービスも期待を上回ってい
ます。営業時間外であっても、アカウント
マネジャーが電話をして確認をしてくれました。
すばらしいサービスをありがとう！

色

私たちの強みは何か？ 優れた製品。
これらの製品は明らかに最高クラスです。
必要なときに交換部品が送られてきます。
依頼する前に、部品を送ってくれました。
問題はすぐに解決されます。経理部のボブは
請求書の問題もすばやく解決してくれました。
そのほかの顧客サービスも期待を上回ってい
ます。営業時間外であっても、アカウント
マネジャーが電話をして確認をしてくれました。
すばらしいサービスをありがとう！

斜体

私たちの強みは何か？ 優れた製品。
これらの製品は明らかに最高クラスです。
必要なときに交換部品が送られてきます。
依頼する前に、部品を送ってくれました。
問題はすぐに解決されます。経理部のボブは
請求書の問題もすばやく解決してくれました。
そのほかの顧客サービスも期待を上回ってい
ます。営業時間外であっても、アカウント
マネジャーが電話をして確認をしてくれました。
すばらしいサービスをありがとう！

サイズ

私たちの強みは何か？ 優れた製品。
これらの製品は明らかに最高クラスです。
必要なときに交換部品が送られてきます。

依頼する前に、

部品を送ってくれました。
問題はすぐに解決されます。経理部のボブは
請求書の問題もすばやく解決してくれました。
そのほかの顧客サービスも期待を上回ってい
ます。営業時間外であっても、アカウント
マネジャーが電話をして確認をしてくれました。
すばらしいサービスをありがとう！

間隔をあける

私たちの強みは何か？ 優れた製品。
これらの製品は明らかに最高クラスです。
必要なときに交換部品が送られてきます。
依頼する前に、部品を送ってくれました。

問題はすぐに解決されます。

経理部のボブは請求書の問題も
すばやく解決してくれました。
そのほかの顧客サービスも期待を上回ってい
ます。営業時間外であっても、アカウント
マネジャーが電話をして確認をしてくれました。
すばらしいサービスをありがとう！

アウトライン（囲み）

私たちの強みは何か？ 優れた製品。
これらの製品は明らかに最高クラスです。
必要なときに交換部品が送られてきます。
依頼する前に、部品を送ってくれました。
問題はすぐに解決されます。経理部のボブは
請求書の問題もすばやく解決してくれました。
そのほかの顧客サービスも期待を上回ってい
ます。営業時間外であっても、アカウント
マネジャーが電話をして確認をしてくれました。
すばらしいサービスをありがとう！

アンダーライン（付記）

私たちの強みは何か？ 優れた製品。
これらの製品は明らかに最高クラスです。
必要なときに交換部品が送られてきます。
依頼する前に、部品を送ってくれました。
問題はすぐに解決されます。経理部のボブは
請求書の問題もすばやく解決してくれました。
そのほかの顧客サービスも期待を上回ってい
ます。営業時間外であっても、アカウント
マネジャーが電話をして確認をしてくれました。
すばらしいサービスをありがとう！

図 4.5　文字の「無意識的視覚情報」

無意識的視覚情報は、見てほしいところに相手の注意を集めるだけではなく、コミュニケーションに視覚的な優先順位を作ります。図4.5で見たように、書式によって注意をひく力には差があります。たとえば、鮮やかな青は、一般的にくすんだ青よりも目をひきます。しかし、どちらもライトグレーよりも目立ちます。この違いを活用し、複数の無意識的視覚情報を組み合わせて重要なことを強調し、そうでないものは目立たないようにできます。

　図4.6は、同じ例文を複数の無意識的視覚情報を使って表わしたものです。

私たちの強みは何か？

テーマと実際のコメント

- **すばらしい製品**：「これらの製品は明らかに最高クラスです」

- **タイムリーなフォローアップ**：「依頼する前に部品を送ってくれました。その時、その部品をまさに必要としていたのです！」

- **優れた問題解決力**：「経理部のボブは請求書の問題もすばやく解決してくれました」

- **期待を上回る顧客サービス**：「営業時間外であっても、アカウントマネジャーが電話をして確認をしてくれました。すばらしいサービスをありがとう！」

図 4.6　無意識的視覚情報は、情報に視覚的な優先順位をつける

　図4.6では無意識的視覚情報を使って、情報を視覚的に優先順位をつけました。これにより、提示された情報の要点がざっと見てつかみやすくなります。あるリサーチによると、何かを人に見せたときに3〜8秒の間に相手はそれを見続けるか、ほかのものに注意を移すかを決めるのです。もし3〜8秒しかなかったとしても、無意識的視覚情報を賢く利用すれば、相手に伝えたいポイントを伝えることができます。

108

無意識的視覚情報を活用して情報の優先順位をつけると、相手にどのように情報を取り込むべきかという暗黙のガイドラインを示せます。最初に注意を払うべき最も重要なことを強調し、つぎに見るべき情報は何かを知らせ、必要だけれどもメッセージと関係ない部分については、目立たせないようにすることができます。それにより、相手に簡単かつ迅速に情報を理解させることができます。

　ここまで文章における無意識的視覚情報の使い方を見てきました。無意識的視覚情報はグラフやデータにもおおいに活用できます。

グラフで「無意識的視覚情報」を活用する

　グラフも視覚的なヒントなしでは、「3」を数える例や文字の固まりの例と同様に、読みにくいものになってしまいます。

　たとえば、あなたが自動車工場で働いているとします。顧客に聞いた特定の車種のデザインに関する課題（1000の回答に占める割合で測定）について理解し、そこからわかったことを共有するとします。

　最初に作るグラフは図4.7のようになるでしょう。

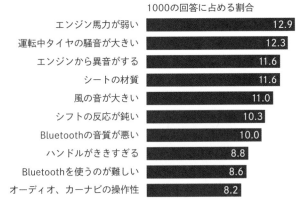

図 4.7　もとのグラフ（無意識的視覚情報なし）

　視覚的なヒントなしだと、相手はグラフのすべての情報を処理しなければなりません。何が重要で、何に注意を払うべきかの手がかりがないグラフは、何のヒントもない文章と同じです。

　第1章で説明した探索的分析と説明的分析の区別を思い出してみましょう。図4.7は、探索段階で作るグラフと言えます。データを見ながら、何が重要で、何をほかの人と共有するかを考えるときに使います。
　図4.7は、1000人につき8人以上があげた課題を示しています。

　説明的分析では、このグラフに手を加えれば、図4.8のように、よく考えられた色と文章でストーリーを浮き出たせることができます。

トップ10の課題のうち7つは、1000人あたり10人以上が問題と考えている
論点：これは許容範囲内か？

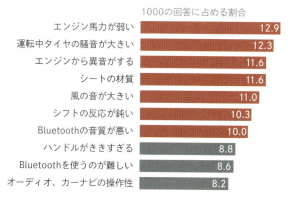

図4.8　色を使って注意を集める

図4.9では、同じグラフを少し変更することで視点を変え、マクロからミクロのストーリーに入っていきます。

トップ10の課題のうち、3つが音に関連している

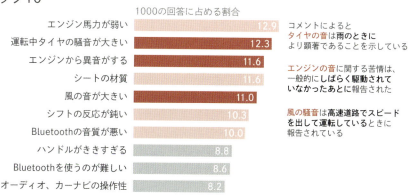

図4.9　情報に視覚的優先順位をつける

第4章　相手の注意をひきつける　　111

ライブプレゼンテーションでは、図4.7、4.8、4.9に示されているように同じグラフを繰り返し使用し、強調する箇所を変えて別の視点でストーリーを伝えると効果的です。相手はそのデータに慣れることができ、つぎに例で示したような個々の詳細を確認することができます。

1つのものを強調するとほかのものが見えにくくなる

無意識的視覚情報を使用する際に気をつけたいこととして、1か所を強調するとほかの部分が見えにくくなるという点があります。そのため、探索的分析では、無意識的視覚情報の使用は避けるべきです。しかし、説明的分析では、すでに相手に伝えるべき特定のストーリーがあるはずです。そのストーリーを明確にするために積極的に無意識的視覚情報を活用しましょう。

前の例では、相手の注意をひくために、「色」をつけました。つぎは、ほかの無意識的視覚情報の例を見てみましょう。

第3章で紹介した例を思い出してください：あなたは、ITチームを管理しています。現在、チケットの量があなたのチームのキャパシティを超えていることを伝えたいと思っています。この例のグラフからクラターを取りのぞくと、図4.10のようになります。

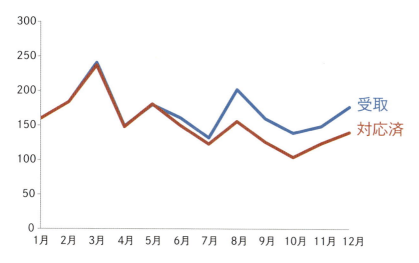

図 4.10　チケットの例

　相手の注意を集中させるポイントを決めるときに、私がよく使う方法は、すべての要素を一度グレーにしてしまうことです。こうすると、何を目立たせるか明確に決めることになります。それでは実際にやってみましょう。図4.11を見てください。

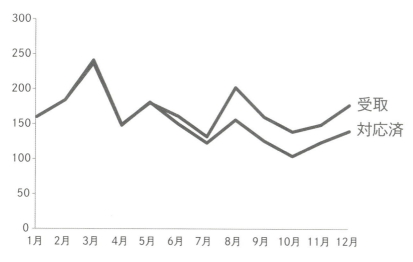

図 4.11　すべてをグレーにする

第 4 章　相手の注意をひきつける　113

つぎにデータを目立たせたいと思います。図4.12では、「受取」枚数と、「対応済」枚数の両方の線グラフを軸やラベルよりも太くしてあります。そして「受取」枚数よりも、「対応済」枚数の線の色を意図的に濃くしてあります。「対応済」枚数が「受取」枚数を下回ったという事実を強調したいからです。

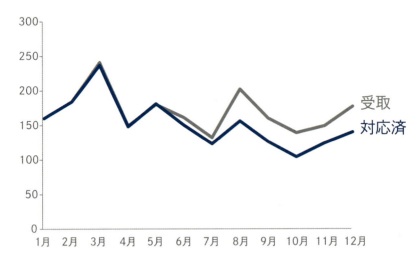

図4.12　データを目立たせる

このグラフで相手の注意をひきたいところは、差が発生し始めるグラフの右側部分です。ほかの視覚的な手がかりがなければ、人は通常左上から見始め、ジグザグに「Z」の形で見ていきます。最終的に右側の差が出ている場所にたどりつきますが、重要な右側により早く目がいくよう無意識的視覚情報を利用する方法を考えてみましょう。

データポイントと数値ラベルは、活用したい無意識的視覚情報の1つです。正しい使い方を見る前に、間違った使い方も確認しておきましょう。図4.13を見てください。

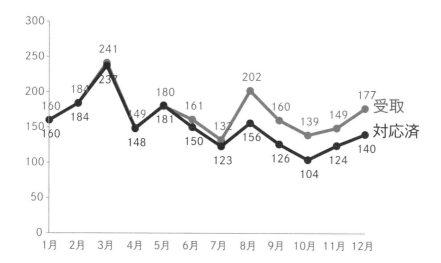

図 4.13　多すぎるデータラベルはごちゃごちゃした印象に

すべてのデータポイントにマーカーと数値ラベルを追加すると、グラフはごちゃごちゃになってしまいます。データマーカーを使う位置を戦略的に取捨選択した場合、どのようになるか見てみましょう。

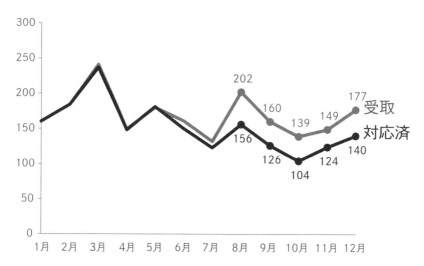

図 4.14　データラベルを控えめに使用する

図4.14で追加されたマーカーは、「ここを見なさい」という信号として機能し、グラフの右側に視線を集めます。

これらのデータラベルがあれば、対応済分がどれくらいなのかを簡単に計算できます（それが明らかに相手の知りたいことなのであれば、先に計算して書いておくのもよいでしょう）。

ここでは、無意識的視覚情報を使って相手の注意を集める例をいくつか紹介しました。この本の残りの部分で同じような例をたくさん見ていきます。

相手の注意を集めるために、戦略的に非常に重要な無意識的視覚情報がいくつかあります。サイズ、色、そして配置についてそれぞれ見ていきましょう。

「サイズ」も情報の重要性を示す要素

サイズはとても重要です。相対的なサイズが、相対的な重要性を示します。ビジュアルコミュニケーションでは、この点に注意してください。ほぼ等しく重要であるものをいくつか見せる場合は、サイズもほぼ同じにしましょう。本当に重要なものがある場合は、大きくしましょう。

以下は、サイズが意図せず影響した実際の例です。

私がグーグルで働き始めて間もないころ、ある意思決定プロセスを促進するためのダッシュボード（計測表）を作っていました（守秘義務上、細かい内容を省いています）。その中に入れたい3つの主要な情報がありました。当時、そのうちの1つだけがすぐに入手できる情報でした。ダッシュボードの初期バージョンでは、まだ収集段階の2つの情報を入れる場所を確保し、すでに入手していた情報でダッシュボードのスペー

スの約60％を埋めていました。残りの2つのデータを手に入れ、確保してあった場所にはめこんだあと、私たちはあることに気づきました。

　まず、最初から入手できていた情報がほかの情報よりも、過度の注目を集めていることに気づきました。幸い手遅れになる前にそのことに気づいたので、レイアウトを変更し3つの情報を同じ大きさに変更しました。この変更がなければ、まったく異なる議論がされ、異なる結論に到達していたかもしれません。

　この経験から、私は重要なことを学びました。デザイン上の選択は偶発的なものであってはいけません。つねに明確な意思決定の結果である必要があります。

「色」を最大限に活用するためのルール

　色は、賢く慎重に使用すると、相手の注意をひく最も強力なツールの1つになります。資料をカラフルにするために色を使いたくなるかもしれませんが、我慢してください。代わりに、重要な部分を強調するための戦略的ツールとして活用しましょう。色は、つねに意図的な決定にもとづいて使う必要があります。ソフトウェアに勝手に重要な決定を行なわせないようにしましょう。

　私は通常、図やグラフをグレーで作り、注意をひきたいところに目立つ色を1つ使います。私が使う基本色は、黒でなくグレーです。ほかの色を使う際に黒よりもグレーのほうが、より強いコントラストを作り出せるからです。相手の注意をひく色としては、私は青をよく使います。なぜなら、青が好きだから、色覚障害の問題がないから、それから、白黒でもきれいに印刷できるからです。しかし、青が唯一の選択肢ではありません。青以外を使用する例もこれから多く出てくるでしょう。
　色の使い方について、いくつかの具体的なルールがあります。

「控えめに使う」「統一性を持たせる」「色覚障害について考慮する」「色が伝えるトーンに注意する」、そして「ブランドカラーを使うべきかどうか」です。

それではこれらのルールについてくわしく見ていきましょう。

控えめに使う

ハトでいっぱいの空にタカを見つけるのは簡単ですが、鳥の種類が増えるにつれて、タカを見つけることは難しくなります。「不必要な要素を取りのぞく」の章で見たコリン・ウェアのこの格言を覚えていますか？同じ原則がここにもあてはまります。色を効果的にするためには、控えめに使用する必要があります。要素が多すぎると、何かを目立たせることが難しくなるからです。相手の注意をひくためには、十分なコントラストが必要です。

あまりにも多くの色を一緒に使うと、色の価値が失われてしまいます。例を1つ紹介します。私は一度、図4.15の左側のような、ある薬剤のさまざまな国における市場順位を示した表を見たことがあります。

各ランク（1、2、3、など）は、それぞれ独自の色を割り当てられていました。1＝赤、2＝オレンジ、3＝黄、4＝黄緑、5＝緑、6＝青緑、7＝青、8＝濃紺、9＝薄紫、10＝紫といった具合です。表内のセルはそれぞれの順位に対応した色で塗られています。すべてが異なる色で塗られており、バラバラで何も目立たなくなってしまっています。これでは、無意識的視覚情報の効力は失われています。これは「3」を数える例と同じぐらいか、もしくはより悪い状況に陥ってしまっています。これに代わるより効果的な方法は、単色で濃淡を利用することです（つまりヒートマップです）。

それでは、図4.15を見てみましょう。

118

トップ5薬剤の国別市場順位

国別順位を1位（赤）から10位以下（濃い紫）で色分け

国	A	B	C	D	E
AUS	1	2	3	6	7
BRA	1	3	4	5	6
CAN	2	3	6	12	8
CHI	1	2	8	4	7
FRA	3	2	4	8	10
GER	3	1	6	5	4
IND	4	1	8	10	5
ITA	2	4	10	9	8
MEX	1	5	4	6	3
RUS	4	3	7	9	12
SPA	2	3	4	5	11
TUR	7	2	3	4	8
UK	1	2	3	6	7
US	1	2	4	3	5

トップ5薬剤の国別市場順位

ランク	1	2	3	4	5+

国 ｜ 医薬	A	B	C	D	E
オーストラリア	1	2	3	6	7
ブラジル	1	3	4	5	6
カナダ	2	3	6	12	8
中国	1	2	8	4	7
フランス	3	2	4	8	10
ドイツ	3	1	6	5	4
インド	4	1	8	10	5
イタリア	2	4	10	9	8
メキシコ	1	5	4	6	3
ロシア	4	3	7	9	12
スペイン	2	3	4	5	11
トルコ	7	2	3	4	8
イギリス	1	2	3	6	7
アメリカ	1	2	4	3	5

図表 4.15　色は控えめに使う

　左のバージョンでは、どこに視線がいきますか？　私の場合は、注目すべきところを見つけようと視線をウロウロさせてしまいます。濃い紫、つぎに赤、そして濃紺など濃い色に目がいきますが、これらの色が何を示しているかを考えると、必ずしもそこが注目を集めたい場所ではありません。

　右のバージョンでは、単色で異なる濃淡が使われています。人の目は、相対的な濃淡に対してはそれほど敏感ではありません。濃淡を使うことによるメリットの1つは、数字と関連づけられることです。つまり、より濃い色はより大きな価値を表わし、より薄い色はより小さな価値と関連づけられます。虹色の色使いだとそれは表現できません。その性質はここでも活かされていて、低い数字がより濃い色で表わされています。濃紺、つまり市場順位が高いものにまず目がいきます。これはよく考えられた色の使用方法です。

あなたの目がひかれるのはどこ？

無意識的視覚情報が有効に使われているかどうかを調べるための簡単なテストがあります。まず図表を作り、目を閉じるか一瞬をそらしてから、それをもう一度見てみます。つぎにあなたが最初に見るところがどこかメモをとってみましょう。それは、あなたが相手に最も見てもらいたいところでしょうか？　できれば、友人や同僚にも手伝ってもらいましょう。どこにまず視線がいき、そのつぎはどこを見たかなど、説明してもらいましょう。これは他人の目を通して、意図した視覚的優先順位が機能し、注意をひきつけているかを確認する優れた方法です。

色使いは統一する

　ワークショップでもよく「目新しさ」についての質問を受けます。「相手が退屈しないように、色やグラフの種類を変更する必要がありますか？」というような質問です。その答えは明らかに「必要なし」です。相手をひきつけるものは、あくまでストーリーであって、グラフのデザインではありません（第7章でストーリーについてお話しします）。

　グラフの種類については、相手がいちばん読みやすいものを使うのがよいのです。そうしたほうが同じレイアウトを使うことで相手が情報の読み取り方を覚えるため、同じようなグラフにできるデータは、つぎのグラフをより簡単に負担なく読めるというメリットがあります。

　色の変化が示すことは、ずばり「変化」です。色は、相手に何らかの変化を感じてもらいたいときに利用するものであり、決して目新しさを出すために使うものではありません。グレーのベースカラーに強調色として1つだけ色を使っている場合は、同じ組み合わせを資料全体で使いましょう。相手も、たとえば青がいちばん先に見るべきものだと理解したら、続くスライドでも同じように解釈できます。ただし、トピックや

トーンの変化をわかりやすく表わしたいときは、色の変更はその変化を強調することができます。

　色の使用方法が一致していたほうがよい、いくつかのケースがあります。一般的に、人は色が何を意味するのかを把握するのに時間がかかります。そして一度それに慣れたら、同じ内容が残りの部分にも適用されるものと想定します。たとえば、4つの地域に関するグラフで、それぞれ色をつけて見せたら、残りの部分でも一貫して同じ色使いで統一するようにします。そして、そこで使った色をほかの用途にできるだけ使わないようにしましょう。色使いを変えることで、相手を混乱させないようにしてください。

色覚障害に配慮する

　相手が色覚障害を持っていることも考えられます。色覚障害の場合、赤と緑の違いを見分けることが難しくなります。一般的には、赤と緑を一緒に使うのは避けたほうがいいでしょう。ただし、赤と緑には便利な意味合いがあります。それは、2桁の赤字を出して注意を喚起したい場合（赤）、著しい成長を示したい場合（緑）です。赤と緑を一緒に使用する際には、重要な数字は離して書くなど追加の視覚的な手がかりを作り、区別がつくようにしておきましょう。また、太字や色の彩度や明度を変化させたり、数字の前にプラスまたはマイナス記号を追加したりして区別しやすいよう、工夫しましょう。

　グラフをデザインするときは、私はよく正の数字に青を、負の数字にオレンジを使用します。これらの色と正負の値は連想しやすく、また色覚障害の問題を避けられます。ただし、本当に正負両方の側面を色で強調する必要があるかを検討し、どちらか一方だけ強調することで対応できないか考えてみましょう。

色覚障害の目で検査する

色覚障害シミュレーターが使えるサイトやアプリがたくさんあります。それらを使って、自分のスライドがどのように見えるかを確認することができます。たとえば、Vischeck（vischeck.com）では、画像をアップロードするか、自分のコンピュータ上で使用するためのツールをダウンロードすることができます。Color Oracle（colororacle.org）は、使用しているソフトウェアに関係なく使えるカラーフィルターのWindows、Linux、またはMac用の無料ダウンロードを提供しています。

CheckMyColoursは（checkmycolours.com）背景と内容に使われている色をチェックし、色覚障害を持つ人が見た時でも十分なコントラストがあるかどうかを確認できるツールです。

色が伝えるトーンを考慮する

色は感情を呼び起こします。相手に喚起したい感情は何かを考え、それを強化するような色を選びましょう。そのトピックは、深刻なものですか、それとも明るいものですか？　印象的で大胆な配色にしたいですか？　それともより慎重な落ち着いた配色が適当ですか？

ここでは色とトーンについて、いくつか具体例を見ていきましょう。

以前、作成した資料が「優しすぎるように見える」とクライアントに言われたことがありました。そのときも自分がよく使うカラーパレット（青とグレーの組み合わせ）で資料を作成していました。

しかし、その資料は統計分析の結果を報告するためのものであったため、先方のクライアントはより分析的で、客観的な見た目を望んでいましたし、それに慣れてもいました。それを考慮して、グレーを大胆な黒に変更し資料を再加工しました。タイトル文を大文字にし、フォントも変更しました（フォントについては第5章で説明します）。

資料の内容はまったく同じであったにもかかわらず、こうした簡単な変更により、まったく異なる見た目と雰囲気になりました。データを使って伝える際には、ほかの多くの決定と同じく、相手（このケースでは、クライアント）のことを気にかけ、彼らのニーズや要望を考慮する必要があります。

　カラーとトーンのもう1つの例として、私が出張で飛行機の雑誌をめくっていたときに見た記事のことをお話ししましょう。それはオンラインデートに関する記事で、関連するデータを表わすグラフも一緒にのっていました。グラフは、全体的に鮮やかなピンクと青緑でした。
　四半期ごとの実績報告のために、この色の組み合わせを選択しますか？　普通はしないと思います。しかし、グラフと一緒に掲載されていた記事の明るいトーンをふまえると、その派手な色はぴったりでした（しかも私の注意をひきました）。

「ブランドカラー」でコントラストがつけられないときの対処法

　一部の企業は、ブランドと関連するカラーパレットを作成することに苦心しています。資料を作る際にもブランドカラーを使う必要のある場合や、または活用するのが理にかなっている場合があるかもしれません。そのようなときは、ブランドカラーの中から1つか2つ使用する色を見つけ、それを強調色として使用し、残りはグレーまたは黒という落ち着いた配色にするとうまくいきます。

　場合によっては、ブランドカラーとは完全に違う色を使用したほうがよい場合もあります。たとえば、ブランドカラーが黄緑色のクライアントを私が担当していたときのことです。当初は、強調色としてその黄緑色を使おうと思っていましたが、十分なコントラストがなかったため、作成した資料が全体的にぼんやりした感じになってしまいました。このような場合は、注意をひくための色を真っ黒にするか、まったく別の色を使うとよいでしょう。別の色の場合は、ブランドカラーと一緒に表示

されたときに（たとえば、ブランドのロゴをスライドの各ページに入れる場合など）、おかしくないかを確認するようにしましょう。この特定のケースでは、クライアントは、完全に別の色を使用したバージョンを選択しました。それぞれのアプローチのサンプルを図4.16に示します。

図4.16　ブランドカラーと色の選択肢

要するに、色を使うときは、よく考える必要があるということです。

ページ上の配置は自然に

ほかの視覚的な手がかりがなければ、ほとんどの人はスライドの左上から見始め、ページ全体をジグザグの動きで見ていきます。ページの上部が最初に見る場所になるので、そこは大切なスペースとなります。最も重要なことをページ上部に書くとよいでしょう（図4.17）。

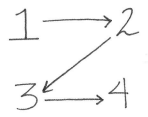

図 4.17　人は画面や紙面の情報を「Z型」にシグザク見る

　重要なものにたどりつくまでに、ほかのものをかき分けながら読み進めないといけないようではダメです。左上に重要なことを置くだけで、この作業をなくせます。そこに書くべき内容は、メッセージや、行動を具体的に提案するアクションタイトルになるでしょう。データビジュアライゼーションでは、つねに相手に何を最初に見てほしいかを考え、それにもとづいて配置を考える必要があります。配置は重要性を示すために自由に使えるツールの1つなのです。

　人が情報を読む方法にしたがって、ビジュアルを作成するようにしましょう。私は一度、右下から始まるプロセスフローの図を見せられたことがあります。
　その図は右下から上に、そして左に読んでいくように作られていました。これは非常に読みにくいものでした。このような不快感を相手に与えてはいけません。視覚的な手がかりによってどんなに読み進めやすくされていたとしても、私は、左上から右下に自然に読んでいきたかったのです。
　もう1つ、たまに見かけるもので、正負のデータのうち、正の値が左、負の値が右にあるものがあります（一般的には左側が負の値に、右側が正の値に関連づけられます）。これもやはり、相手が情報を読む方法とは反対に配置されていて、読み解くのが難しくなります。第9章のケーススタディ③でこれに関連した具体例を見ていきます。

ページに要素を配置する方法に気をつけ、相手が自然にストレスなく読めるようにしましょう。

まとめ

ビジュアルコミュニケーションにおいて無意識的視覚情報は、控えめに戦略的に使えば、たいへん強力なツールとなります。この手がかりがなければ、すべての情報を相手に自力で読みこませることになります。

何が重要かを知らせるために、サイズ、色、配置などの無意識的視覚情報を活用すれば、重要な情報を読み取りやすくなります。相手に見てほしいところにこの戦略を活用し、注意を集めましょう。また、視覚的な優先順位を作りましょう。作った資料を周囲に見せて、「どこに目がいきますか？」と確認しましょう。

さあ、第4のレッスンは終了です。あなたは、**相手の注意を意図するところへ向けさせる方法**を理解しました。

第 5 章

デザイナーのように考える

「形式は機能に従う」

　プロダクトデザインのこの格言は、データコミュニケーションにもあてはまります。データビジュアライゼーションにおける形式と機能とは、データを使って相手に何をして欲しいか（機能）を考え、そしてそれをできるように視覚（形式）化することです。

　本章では、デザインの伝統的なコンセプトを、データコミュニケーションに活用する方法について説明します。**アフォーダンス、アクセシビリティ、審美性**というすでに紹介したコンセプトについても、これまでと少し異なる視点で見ていきます。また、作成したものを相手に理解（受容）させるためのデザイン上の戦略についても説明します。

　デザイナーは、優れたデザインの基本を知っているだけでなく、自分自身の目も信頼しています。「私はデザイナーではない」と思うかもしれませんが、そのような考えは捨てましょう。誰でも洗練されたデザイン

かどうか見分けることができます。優れたデザインの共通点とその具体例を知ることで、デザインに対する自信を育てましょう。そして何かしっくりこないときの具体的な修正点やヒントを学びます。

アフォーダンス：どのように情報を扱えばよいか？

デザインの分野では、専門家はモノや製品には「アフォーダンス（行為の可能性・意味）」があると言います。「アフォーダンス」とは、その製品をどのように使うかを明確に示す、デザインに内包される機能のことです。

たとえば、ドアのノブは回せる、ボタンは押せる、コードは引っ張ることができるなどの特徴は、その製品がどのように作用するか、動作するかを示しています。十分な「アフォーダンス」が存在する場合、優れたデザインはそのモノに溶け込み、気づかれません。

アフォーダンスの例として、OXOブランドを見てみましょう。このブランドは、「ユニバーサルデザイン」をブランドの特徴にあげています。「ユニバーサルデザイン」とは、できるかぎり多くのユーザーにとって使いやすい製品を作るという考え方です。この議論に関連して、かつて「つかむ道具（tools you hold on to）」としてマーケティングされた台所用品を紹介しましょう。これらの道具は、まさにそれを使うには1つだけしか方法がない、つまり正しい方法でのみ使われるようにデザインされています。OXOの台所道具は、よく考えられたデザインのおかげだと気づかれることなく、ほとんどのユーザーを正しい使用方法に導いているのです。（図5.1）

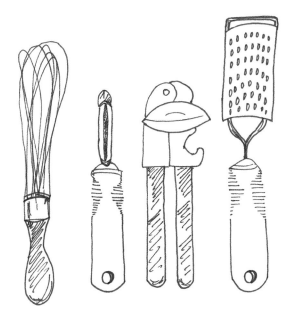

図 5.1　OXO のキッチン道具

　データコミュニケーションでも、「アフォーダンス」の概念を取り入れる方法を考えてみましょう。視覚的な「アフォーダンス」を利用すれば、相手に情報をどのように扱えばよいのかを示せます。そのための3つの具体的な方法として、①重要なものを強調する、②気を散らすものをなくす、③情報に明確な「視覚的階層」を作る、を紹介します。

重要なものを強調する

　前の章で、必要なところに相手の注意をひくために、無意識的視覚情報を利用する方法を紹介しました。言い換えると、「重要なものを強調する」ことです。ここでもその戦略を活用しましょう。大切なのは、全体のうち一部だけを強調することです。強調されているものの割合が増えると、強調による効果が薄まってしまうからです。

『Universal Principles of Design』（リドウェル、ホルデン、バトラー、2003）では、強調する部分は最大で全体の10％以下にすべきだとされています。ほかにもつぎのガイドラインも示しています。

- **太字**、*斜体（イタリック）*、<u>下線</u>：タイトル、ラベル、キャプション、短い文を目立たせるために使用します。太字は、選択した部分を明確に強調しながら、要素を加えないので斜体や下線よりも好ましいとされています。斜体も要素を追加しませんが、あまり目立たないうえに読みにくくなります。下線も要素が増えて読みにくくなるため、控えめに使うか、まったく使わないほうがよいでしょう。

- **大文字と書体**：英語の文章の場合、短い文が大文字になっていると目に入りやすくなるので、タイトルやラベル、キーワードなどに適しています。1つの資料で異なる書体を使うことはおすすめできません。全体の美しさを損なわずに、違いを出すのは困難だからです。

- **色**：色は、控えめに使えば、効果的に強調するテクニックとなります。また一般的に、太字などのほかの強調のテクニックともうまく共存できます。

- 反転：反転は注意をひくには効果的ですが、デザインにノイズを増やすため控えめに使いましょう。

- **サイズ**：大きさを変えることは、情報の重要性を示し、注意をひくよい方法です。

なお、上記のリストから、「点滅」は外しました。点滅については、リドウェルらも、迅速な対応を必要とする非常に重要な情報を示すためにのみ、使用するように指示しています。説明を目的とするコミュニケーションで「点滅」は、役に立つというよりは見苦しいものになってしまうため、おすすめしません。

無意識的視覚情報は組み合わせて同時に使うこともできるので、本当に重要なものについては、大きくし、色をつけ、太字にして目立たせることができます。

データを効果的に強調している例を具体的に見ていきましょう。

図5.2は2014年2月のピューリサーチセンターの記事「人口統計によると、結婚するアメリカ人は増えてきているが、それはほとんど大卒の人々である」の中に掲載されたグラフです。

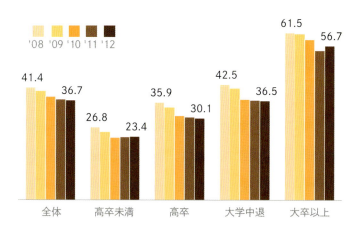

図5.2　ピューリサーチセーターのもとのグラフ

この記事のグラフは、「2011年から2012年にかけて結婚した人の数が増えたのは、大卒もしくはそれ以上の学歴の人たちの結婚数が増えたのが主要な要因だ」ということを見せる意図で作られています（実際には全体の新しい結婚数が増えているようには見えませんが、それについてはここでは無視しましょう）。

しかし、図5.2のデザインでは、メッセージが示す箇所に注意が集まりません。むしろ、私の注意は、ほかの部分よりも暗い色で描かれてい

る、それぞれのグループの2012年の棒に向きました。では色の使い方を少し変えてみましょう。図5.3を見てください。

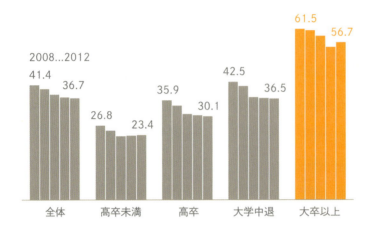

図 5.3　重要な部分を強調する

　図5.3では、「大卒以上」のデータを強調するためにオレンジ色が使用されています。そしてほかのすべてをグレーにしているため、集中すべき場所が明確になっています。

気を散らすものをなくす

　重要な部分を強調する一方で、必要のない要素もなくしましょう。アントワーヌ・ド・サン＝テグジュペリは、著書『Airman's Odyssey』の中で「足すべきものがなくなったときではなく、減らすものが何もなく

なったとき、それが完璧になったとわかる」（サン＝テグジュペリ、1943年）と述べています。データビジュアライゼーションをデザインする際も、何を強調するかよりも、何を減らし、何を強調しないかを決めることのほうが時に重要なのです。

　気を散らすものを見つけるには、コンテキストとクラターの両方を考える必要があります。クラターは、図の中でスペースを取っているわりに、新たな情報を含んでいないものです。コンテキストは、相手に内容を理解してもらうために不可欠なものです。コンテキストは、多すぎず、少なすぎず、適切な量を示すことが求められます。何が重要で、何が重要でないかを広い視野で考えてみましょう。不必要なもの、余分なもの、または無関係なものなどを選別します。メッセージやポイントから外れるものがないか確認します。これらのすべてが削除の対象です。

　気を散らすものを識別するための、具体的な方法はつぎのとおりです。

- **すべてのデータが等しく重要なわけではありません**。重要でないデータや要素は取りのぞき、資料のスペースを上手に使い、相手の注意をそらさないようにしましょう。
- **詳細が必要でない場合は、要約しましょう**。自分自身は詳細を把握している必要がありますが、相手もそうとは限りません。
- **これを削除することで何か変わるだろうか、と自問しましょう**。何も変わらないようであれば削除しましょう。見た目がよいから、作るためにがんばったから、などの理由で残したくなる誘惑に打ち勝ちましょう。メッセージを補強しない要素は、必要ありません。
- **必要だけれども、メッセージに関連のないものは、無意識的視覚情報に関する知識を使って目立たせないようにします**。薄いグレーを活用しましょう。

　要素を減らし、目立たせないようにする作業の1つひとつが、残った

第5章　デザイナーのように考える　133

ものをさらに目立たせます。何を削除していいか迷う場合は、メッセージを邪魔せずに残す方法がないか考えてみましょう。たとえば、プレゼンテーションのスライドでは、その内容を参考資料として最後につけるとよいでしょう。

　それでは、先に述べたピューリサーチセンターの例に戻りましょう。図5.3では、グラフの重要な部分を強調するために色の使い方を控えめにしました。さらに不必要な箇所を削除すると、図5.4のように改善できます。

学歴別の成婚率
新たに結婚した成人数

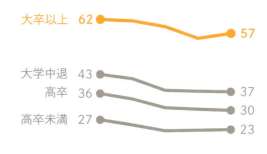

注：新婚、離婚、死別、未婚の成人1000人に対する数

出所：アメリカ合衆国国勢調査局
作成：ピューリサーチセンター

図5.4　不必要な要素を排除する

　図5.4では、不必要なものをなくすために、いくつかの点を変更しています。最も大きな変化は、棒グラフから線グラフへの変更です。

前に説明したとおり、線グラフは、一般的に時系列のトレンドをわかりやすく表現します。5つの棒だったものが、強調したエンドポイントを持つ1つの線に集約されています。全体のデータにあてはめると、25の棒が4つの線に減らせるということです。

また折れ線グラフにすると、各カテゴリーをまたいで単一の横軸を活用できます。これにより、凡例で年を見て、各グループにあてはめて解釈するという作業がなくなり、情報が読み取りやすくなります。

もとのグラフに含まれる「全体」のカテゴリーは外してあります。この情報は、ほかのカテゴリーの合計で情報の重複となり、新たな価値もありません。

小数点で書かれていたデータラベルは、最も近い整数桁に四捨五入してあります。このデータは、「1000人のうち新たに結婚した人数」を表わしており、小数点以下の桁を使用して人の数を議論するのはおかしいからです。また、それぞれの数字とそれらの差異は、少数点で表現するほどの精度が必要なものではありません。コンテキストを考慮して、このような判断をすることが大切です。

サブタイトルの斜体は、通常のフォントに変更しました。注意をひく必要はないからです。オリジナルのグラフでは、タイトルとサブタイトルの間のスペースが離れており、サブタイトルに過度の注目を集めてしまうため、そのスペースもなくしました。

最後に、図5.3で導入された「大卒以上」のカテゴリーの強調を維持するため、データラベルに加えて、カテゴリー名も入れました。これは視覚的に関連する要素を結びつけ、解釈しやすくするためです。

図5.5は、修正前と修正後のグラフです。

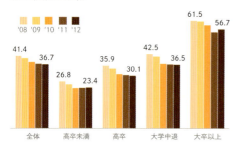
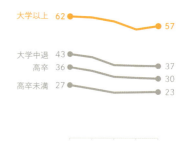

図 5.5　修正前と修正後のグラフ

　重要な部分を強調し余分な要素を取りのぞくことによって、このグラフをわかりやすく改善できました。

情報に明確な「視覚的階層」を作る

　第4章で述べたように、無意識的視覚情報を活用すれば、情報に優先順位もつけられます。視覚的に、いくつかの要素を前面に、そのほかの要素を背後に持っていきます。そうすれば、相手が情報を処理する際の順序を示せます。

上位カテゴリーの活用

　表やグラフでは、上位カテゴリーでデータを整理すれば、相手に情報を理解させやすくなります。たとえば、人口統計のデータを見せる表やグラフが20個あったとしたら、それらを上位カテゴリー、たとえば年齢、人種、収入、学歴などのグループにまとめるとよいでしょう。これらの上位カテゴリーは、階層構造を作る

ことで情報を読み取るプロセスを簡単にします。

　実際に、視覚的階層（visual hierarchy）が明確に作られている例を見ていき、それを作る際のデザイン上の選択肢を検討します。
　あなたが自動車の製造者だとします。特定の車種やモデルが成功だったかどうかを判断する重要な要素は、①顧客満足度、②車の問題の発生数の2つです。図5.6の散布図で、この2つの点と、今年のモデルと昨年のモデルの平均を比較します。

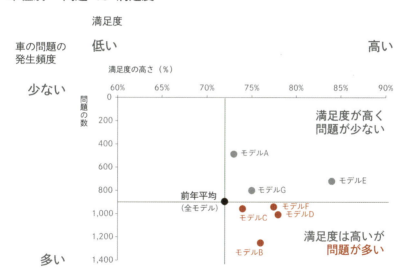

図5.6　情報の明確な視覚的階層

　図5.6は、今年のモデルが昨年のモデルの平均に比べて、満足度と課題の面でどう評価できるのかをわかりやすく見せています。サイズとフォントの色がどこに注意を向けるべきか知らせています。
　それでは、各視覚の階層がどのように情報を表示し、読み取りやすく

第5章　デザイナーのように考える　137

しているかを考えてみましょう。私がどのように情報を読み取ったかを細かく表現すると、以下のようになります。

　まず、グラフのタイトル「車種別　問題vs満足度」を読みます。課題と満足度の字が太字になっており、これらの言葉が重要だとがわかるので、それをふまえてほかの部分を読みます。

　つぎに、縦軸のラベル「問題」に目がいきます。そしてこれが上のほうにある「少ない」と下のほうにある「多い」と同じ軸に属すことに気づきます。それから、横軸の「低い」（左側）から「高い」（右側）までの範囲を含む「満足度」を見ます。

　その後、黒い点とそれに対応する言葉「前年平均」に目がいきます。この点から各軸に向かって描かれた線によって、前年の平均は課題が1,000人あたり約900個、満足度は約72％であったことを確認できます。これは、今年のモデルを評価するために有益な比較対象となります。

　最後に、右下の象限にある赤い点と文字に目がいきます。そこに書かれている言葉から、これらは「満足度は高いが、問題が多い」ということがわかります。グラフからもこれらが前年平均より課題が多かったことが明らかです。赤い色は、問題であることを強調しています。

　少し前に、表やグラフの解釈をうながすための、上位カテゴリーについてふれました。ここでは、「満足度は高く、問題が少ない」と「満足度は高いが、問題が多い」という象限ラベルがその機能を果たしています。象限ラベルがないと軸のタイトルやラベルを読み、これらの象限が何を表わしているか理解することが求められます。簡潔なタイトルさえ書いてあれば、その必要はなくなり、より簡単に理解することができます。左象限にはラベルがないことに注意してください。そこには値がないので、ラベルは必要ないのです。

ほかのデータポイントや詳細も、コンテキストを示すためにそこにありますが、目立たず読みやすくなっています。

このグラフを私の夫に見せたとき、夫は「それは僕が見た順とは違う。まず赤に目がいった」と反応しました。夫は、赤緑色覚障害があるにもかかわらず、赤から見始めたことに私は驚きました。しかし、彼は、赤がほかのすべての要素から十分に異なって見えたと述べました。私はグラフを多く見過ぎているために、データを見る前にタイトルと軸を見る癖がついているのでしょう。ほかの人はより早急に結論の部分を目をやる可能性があるのです。そうだとすると、やはり赤でその重要性が示されている、右下の象限にまず注目することになるでしょう。それを見たあとに、少し戻ってグラフのそのほかの詳細を読むでしょう。

いずれの場合も、よく考えられた明確な視覚的な階層が、複雑な情報でも簡単に読み取れるようにしてくれます。ビジュアル表現は、重要なものを強調し、気を散らすものをなくし、視覚的階層を作ることでやっと相手に理解してもらえるのです。

アクセシビリティ：誰でも理解できるか？

アクセシビリティのコンセプトは、デザインは多様な人々に使用できるものでなければならない、というものです。アクセシビリティは、もともと障害などのハンディキャップを持つ人々への配慮でしたが、時間とともにより一般的なものになってきています。

このコンセプトをデータビジュアライゼーションにあてはめると、幅広いスキルを持った人が使えることだと言えるでしょう。エンジニアが作ったグラフはエンジニアでないと理解できないということでは困ります。デザイナーには、自分が作成するビジュアルを誰にとっても理解できるものにする責任があります。

悪いデザインは誰のせい？

うまくデザインされたデータは、うまくデザインされた物（製品）と同じく、簡単に理解でき、使用できます。何かを理解することが難しいとき、人は自分自身を責める傾向があります。しかし、ほとんどの場合、理解できないのは利用者のせいではありません。むしろ、それはデザインの欠陥のせいです。よいデザインは、きちんと考え抜かれています。何より、よいデザインは利用者のニーズを考慮します。データを使用してコミュニケーションする際にも、利用者（相手）を何よりも優先するというマインドを持ち続けることです。

デザインのアクセシビリティの例として、ロンドンの地下鉄路線図があげられます。ハリー・ベックは、1933年に美しくシンプルな地下鉄路線図のデザインを作り出しました。地上の地理は地下鉄路線図では不要で、それにより課せられていた制約を排除したのです。以前の地下鉄路線図と比較すると、ベックの誰にでもわかりやすいデザインは、ロンドンで不可欠なガイドとなり、また世界中の路線図のお手本となりました。この路線図は、いくつかの細かい改良をしながら今日もロンドンで使用されています。

それでは、データコミュニケーションにおけるアクセシビリティに関連する戦略について説明します。①必要以上に複雑にしない、②言葉をうまく活用する、です。

相手を動かしたければ、必要以上に複雑にしない

「読みにくいものは、行動に移すことも難しい」

これは、2008年にミシガン大学のソングとシュワルツの研究によりわかったことです。彼らは2つの学生グループに運動療法のための説明書

を提示しました。半分の学生は、読みやすいArialフォントで書かれた指示を受けました。残りの半分は、Brushstrokeという筆記体のようなフォントで指示を受けました。学生は決まった運動をするのにどれくらいかかるか、その運動をやってみようと思うかどうかについて尋ねられました。

結果は、フォントが読みにくいほど、学生は所定の運動をすることが難しく、やってみる可能性も低いと思うというものでした。寿司のレシピを使用した実験でも、同様の所見を示しました。

これをデータコミュニケーションに置き換えると、複雑に見えるほど、相手が内容を理解するための時間が必要になり、そしてその時間を割く可能性は低くなる、ということです。

ここで視覚的なアフォーダンスが役に立ちます。以下は、図表を過度に複雑に見せないようにするためのヒントです。

- **読みやすくする**：書体とサイズの両方で読みやすく一貫した文字を使いましょう。
- **整理する**：視覚的なアフォーダンスを活用して、わかりやすくします。
- **簡単な言葉を使用する**：複雑な言葉ではなく、シンプルな言葉を選択します。長い言葉よりも、短いほうがいいでしょう。相手が聞き慣れない可能性のある専門用語があれば、説明を入れましょう（最低でも最初に使うときは必要です。もしくは脚注に入れましょう）。
- **不必要に複雑な情報は取りのぞく**：シンプルなものと複雑なもので選択肢があればシンプルな方を選びましょう。

これらによって、物事を必要以上に複雑にすることを避けられます。私は以前、ある著名な博士のプレゼンテーションに出席しました。彼は明らかに頭がいいようでした。彼が最初の5音節の単語を言ったとき、その語彙に感動しました。しかし、学術的な専門用語が続くと、私は集

第5章　デザイナーのように考える　141

中力を失い始めました。彼の説明は不必要に複雑で、彼の言葉は必要以上に長かったのです。彼の話に集中するには、多くのエネルギーが必要でした。イライラが募るにつれ、彼の言っていることに耳を傾けることが難しくなってしまいました。

こうした言葉づかいには、自分を賢く見せようとして相手をイライラさせる以上に、相手に頭が悪くなったように感じさせるリスクがあります。どちらにしても相手にとって楽しい体験ではありません。もし自分が物事を複雑にしすぎていないか判断がつかなければ、友人や同僚からフィードバックをもらいましょう。

「解読させる」のではなく「理解させる」ための言葉の使い方

よく考えたうえで使われる言葉は、ビジュアル表現をわかりやすくします。文字はデータコミュニケーションでさまざまな役割を果たします。ラベル、紹介、説明、強調、提案、そしてストーリーを伝えます。

ビジュアル表現では絶対に欠かせない言葉がいくつかあります。すべての図表はタイトルを必要とし、すべての軸が（この規則の例外はきわめて稀）タイトルを必要とします。これらのタイトルがないと、どんなにそれが文脈から明らかであったとしても、相手をいったん止まらせて、見ているものが何かを考えさせてしまうことになります。そうならないよう、はっきりとわかるラベルをつけましょう。その図表の読み方を解読するのに頭を使わせるのではなく、情報を理解するために頭を使ってもらうようにしましょう。

2人が同じデータを見ても、同じ結論を導くとはかぎりません。相手に伝えたい結論があるのであれば、言葉で表現しましょう。無意識的視覚情報を活用して、それらの重要な言葉が目立つようにしましょう。

スライドに書く「アクションタイトル」

パワーポイントのスライド上部のタイトルバーは、貴重なスペースです。賢くタイトルバーを使いましょう。それは相手がページまたはスクリーン上でいちばん最初に目にするものです。

残念なことにそこには、意味のない説明的タイトル（たとえば、「2017年予算」）などがよく書かれています。代わりにアクションタイトルを書きましょう。何か提案や、相手に知らせたいことがあるのであれば、それを書くためにこのスペースを使います（たとえば、「2017年の予想経費は予算を上回っている」など）。そうすることで、相手が見逃すこともなくなり、またページの残りの部分に何が続くのかを予想することもできます。

グラフ上に直接、重要または興味深いポイントを書き込むのもよいでしょう。コメントを入れると、データ内のニュアンスを説明したり、注目すべき何かを強調したり、関連する外部要因を説明したりすることができます。私のお気に入りの例の1つは、インフォメーション・デザイナーのデビッド・マッカンドレスによって作成された図5.7「カップルの別れの時期：Facebookの近況アップデートより」です。

カップルの別れの時期
Facebookの近況アップデートより

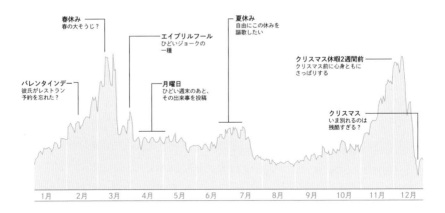

図 5.7　コメントをうまく入れる

　図5.7の左から右へ説明を読んでいくと、バレンタインデーに小さな増加があり、そして春休みの数週間で大きなピーク（「春の大そうじ？」とうまくコメントされています）があります。エイプリルフールの日にまた山ができ、月曜日の別れの傾向が続きます。夏休み中は緩やかな上昇と下降が観察されます。そして冬休みに向けて大きなピークが来て、クリスマスに急下降をしています。それは「クリスマスに別れるのは残酷すぎる」からでしょう。

　ちょっとした単語やフレーズがあることで、データがはるかに簡単に理解しやすいものになっていることに気づいたかと思います。

　1つ注意点としては、図5.7では軸にタイトルをつけるという原則が守られていないことです。この例では、それはデザインによる選択です。このグラフではプロットされているデータの具体的な数字よりも、相対的なピークと谷間がより興味深いものとなっており、タイトルや縦軸のラベルを省くことで、何が表示されているか？　どのように計算されて

いるか？　それに同意するか？　などの議論を展開しなくてすみます。
ほとんどの場合、軸のタイトルは必要ですが、この例では意識的なデザイン上の選択であり、とてもうまく機能しています。

　第3章と第4章で検討したチケットの例を再び見てみましょう。すでにクラターを排除し、データマーカーとラベルによって重要な部分を目立たせてあります。

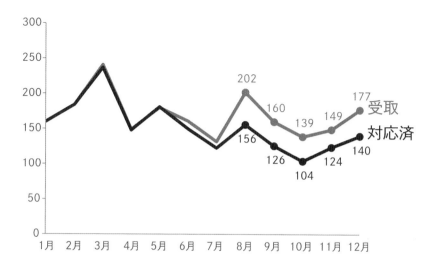

図 5.8　チケットの例（再掲）

　図5.8はきれいなグラフですが、その内容を解釈する言葉なしではあまり意味をなしません。図5.9は必要な文章を追加し、その問題を解決しています。

図 5.9　必要な言葉でグラフをわかりやすくする

　図5.9では、そこにあったほうがよい言葉を追加しました。グラフタイトル、軸タイトル、データの出所に関する脚注です。図5.10では、さらに一歩進んで、アクションタイトルと、説明を加えました。

図 5.10　アクションタイトルと説明を追加する

　図5.10には、きちんと考えられた文章とデザインがあります。何を見ているのかがわかるようになり、なぜ注意を払うべきかが明らかになっています。

審美性：そのデザインは美しいか？

　データコミュニケーションにおいて、"きれい"であることは本当に必要でしょうか？　その答えは明らかに「イエス」です。
　人は、実際にそうかはさておき、デザインが美しいもののほうが、美しくないものより使いやすいと感じます。研究によると、美しいものはより使いやすいととらえられるだけでなく、受け入れられやすく、長く

使用され、創造的思考と問題解決を促進し、問題に対して人が寛容になるということを示しています。

よいデザインが受け入れやすさを促進する好例を紹介しましょう。

図5.11は、メソッドというメーカーの食器用液体洗剤の旧ボトルのデザインです。擬人化されたその形は、洗剤をシンクの中に隠すものから、出して飾っておけるアート作品に変えました。このボトルのデザインは、漏れの問題があるにもかかわらず、きわめて効果的でした。人々は、その魅力的なデザインによって、漏れるボトルの不便さを見逃して喜んでいたのです。

図 5.11　食器洗い用液体洗剤の形

データビジュアライゼーション、そしてデータを使ったコミュニケーションでは、一般的にデザインを美しくするために時間をかければ、相手がより集中して資料を見てくれるようになり、メッセージが伝わる確率が高まります。

自分で美しいデザインを作る自信がない場合は、よくできたデータビジュアライゼーションの例を見るのがおすすめです。自分がきれいだと

思うグラフを見つけたら、その何が好きなのかをじっくり考えてみましょう。そして、そのデータを保存して、意識を高めてくれる図表のコレクションを作りましょう。そして効果的なデザインから参考になる点を真似するのです。

データビジュアライゼーションにおける美しいデザインのポイントを見ていきましょう。すでに美しいデザインに関連する主な事項はカバーされているので、ここでは簡単にそれらにふれ、優れたデザインがデータ表現を改善する具体例を見ていきます。

1．色使いを工夫する：色を使うときはいつでも意図的に決めます。色は控えめに、かつ戦略的に、重要な場所を強調するために使います。

2．配置に注意を払う：縦と横にきれいに並ぶよう、ページ上の要素を整列しましょう。全体的な統一感が出ます。

3．空白を活用する：余白を残しましょう。図を引き延ばしてスペースを埋めたり、余計なものを追加するのはやめましょう。

色、配置、空白などのデザインの構成要素がうまく使われているときは、そのことにすら気づかないものです。しかし、それらがうまく使われていないとすぐにわかります。虹色の色使いや、整列と空白の欠如は、目に不快に映ります。無秩序で、詳細にまったく注意を払わずに作られたように見えます。それは、データと相手への敬意の欠如を示しています。

図5.12を見てください。あなたが有名な小売業者で働いていると想定してください。グラフは、7つのセグメント（たとえば年齢層など）のアメリカの人口と自社の顧客の内訳を示しています。

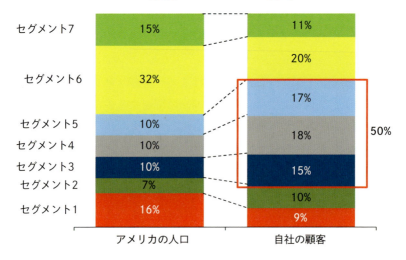

図 5.12　美しくないデザイン

　よりよいデザインにするために、前で学んだレッスンを活かします。色、配置、空白を活用して、どのように図5.12を改善できるかを見ていきましょう。

　まず、色を使いすぎです。あまりに多くの色があるため、どれを見たらいいかわからなくなっています。アフォーダンスのレッスンに戻ってみましょう。何を強調したいかを考え、そこだけに色を使いましょう。この例では、セグメント3から5を囲む赤い囲みが、これらのセグメントが重要であることを示していますが、ほかに注意をそらす要素がたくさんあるため、そこにたどりつくまでに時間がかかります。色を戦略的に使えば、これをもっとわかりやすく、明確にすることができます。

　また、それぞれの要素がきちんと整列していません。グラフのタイトルが中央揃えになっているため、ほかの何とも揃っていません。各セグ

メントのタイトルも左にも右にも揃っていません。これがだらしない印象を与えます。

最後に、空白がうまく使われていません。グラフとセグメントのラベルの間の空白が大きすぎます（どれがどれに対応しているか人差し指で追いたくなるほどです。ラベルとデータの間の空白を減らせば、この問題を解決できます）。棒グラフの間の空白はそれぞれのデータを強調するには狭すぎ、不必要な点線が入っているため、ごちゃごちゃになっています。

図5.13は、これらのデザインにまつわる問題を修正すると、同じグラフがどのように見えるかを示しています。

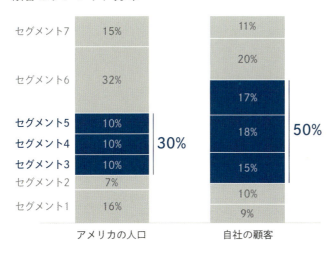

図5.13　美しいデザイン

こちらの図のほうが、時間を使って見るに値すると思いませんか？デザインも細部までこだわっていることがわかります。これにはデザイナーの時間がかかっています。それにより、見る側もこのグラフを理解

するために時間をかけてもよいと感じます。このような関係はひどいデザインでは成り立ちません。

つまり、統一された色使いで、要素がきちんと整列しており、空白がうまく活用されて初めて、秩序あるデザインが出来上がるのです。美しさに対するこだわりは、自分の仕事と相手に対する敬意を示します。

デザインを受け入れてもらえないときの対処法

提案を有効なものにするには、新しいデザインを相手に受け入れてもらう必要があります。製品のデザインであっても、データビジュアライゼーションでも同様です。もし相手がデザインを受け入れてくれない場合は、どうすればよいでしょうか？

私のワークショップでは、参加者から定期的にこのジレンマについての悩みを聞きます。「自分たちのこれまでのデザインを改善したいのに、デザインの変更を試みると、抵抗にあいます。特定の方法で物事を見ることに慣れている人は、それを変えられることを望まない」というものです。

たしかに、ほとんどの人が変化にともない、一定のレベルの不快感を覚えます。リドウェルらは『Universal Principles of Design』(2010)で、人々が新しいものに抵抗を示すのは古いものに親しんでいるがために起こる、と説明しています。これをふまえて、「いつものやり方」を大きく変更するときは、単に新しいものと古いものを置き換えるだけではなく、ほかにも多くのことを行なう必要があります。

データビジュアライゼーションのデザインを、相手に受け入れてもらうために活用できるいくつかの方法があります。

・**新しい、または異なる方法のメリットを明確に述べる**。なぜこれまでのやり方を変更するのか、その理由を明確にするだけで、人の抵抗が

和らぐことがあります。データを異なる方法で見ることによって、改善する点はないでしょうか？　もしくは変化を受け入れることで享受できるほかのメリットはないでしょうか？

・**並べて表示する**。もし新しい方法が明らかにそれまでの方法よりも優れているのであれば、それらを横に並べて見せることで、新しい方法のよさを証明しましょう。ビフォーアフターを見せつつ、なぜ新しい方法に変更したいか、理由を説明しましょう。

・**いくつかの選択肢を提示し意見をもらう**。デザインを決めてしまうのではなく、いくつか選択肢を作って、同僚や、相手にフィードバックを求めることで、どのデザインがいちばん彼らのニーズを満たせるかを検討してもよいでしょう。

・**相手の中の影響力のあるメンバーを巻き込む**。相手の中で影響力のある人を見つけ、デザインの承認を得るために1対1で話しましょう。フィードバックを求め、それを組み込みましょう。もし相手の中で影響力のある人を数人賛成させることができたら、ほかの人もそれに続くでしょう。

　抵抗にあった際には、その根本的な原因が、相手の変化に対する反応が悪いせいなのか、提案しているデザインに問題があるせいなのか、きちんと見分ける必要があります。まったく利害関係のない人から意見をもらって、これを検証しましょう。彼らにあなたのデザインを見せましょう。できれば、過去または現在使われているデザインも見せましょう。彼らに、その図表を見たときのプロセスを説明してもらうのです。気に入った点は何ですか？　どのような質問が浮かびますか？　どちらのほうが好きですか？　それはなぜですか？　偏見のない第三者の声に耳を傾けることが、デザインの問題の発見に役立つことがあります。またそこでの会話も、伝えるべきポイントを明らかにし、承認を得る際に役立つでしょう。

まとめ

　この章では、伝統的なデザインコンセプトを理解して活用することによって、データコミュニケーションの成功の確度を高められることを学びました。図表に込めた意図を相手に理解してもらいやすくする手がかりとして、視覚アフォーダンスを提供しましょう。

　重要なものを強調し、気を散らすものをなくし、情報の視覚的階層を作成しましょう。必要以上に複雑にせず、必要なラベルや説明文をつけて図表がわかりやすくなるようにします。そして美しいデザインにすることによって、相手の寛容度を高めましょう。相手に理解してもらうために、戦略的に考えましょう。

　おめでとうございます！

　あなたは、データでストーリーを語るための5番目のレッスン、「デザイナーのように考える方法」を修了しました。

第 6 章

モデルケースを分解する

　ここまで、データコミュニケーションのスキルを向上させるための
レッスンを学び、スライドや資料の内容を効果的に伝えるための基礎が
できました。つぎは「よい」データビジュアライゼーションがどのよう
なものか、例を通して見ていきましょう。最後のレッスンを紹介する前
に、この章でモデルとなる事例を見て、その作成における思考プロセス
とデザインの選択について考えていきます。

　この章で紹介するさまざまな例を見ていると、共通点があることに気
づくでしょう。それぞれの例を作成するときに、相手にどのように情報
を処理してほしいかを考え、何を強調して、何を強調しないかを選びま
した。そのため、色やサイズなどに共通点がありました。グラフの種類
の選択や、データの相対的な順序、要素の配置、言葉の使い方などにつ
いても、同様です。繰り返し見ていくと、重要なコンセプトと、その結
果としてのデザインの選択についてより深く理解することができます。

各図表は、特定の状況を想定して作られています。各例のシナリオを簡潔に説明しますが、詳細について気にする必要はあまりありません。それよりはグラフを見て、考えるために時間を使ってください。ここで説明するアプローチやヒントを、データビジュアライゼーションであなたが感じている課題に活用できないか検討してみてください。

モデルケース①：折れ線グラフ

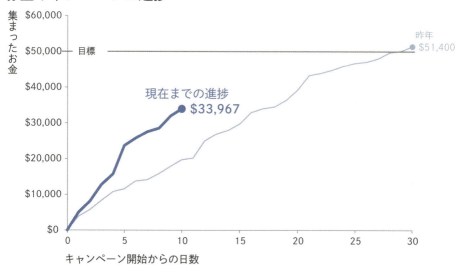

図 6.1　折れ線グラフ

X社は、慈善活動の資金を調達するために、毎年1か月間「募金キャンペーン」を実施します。図6.1は、今年の進捗が表示されています。この例のよい点と、作成の過程で「なぜ、この見せ方を選んだのか」を考えてみましょう。

まず、文字が適切に使用されています。タイトルとラベルがきちんと

ついているため、読み手は自分が何を見ているか迷うことはありません。グラフタイトル、縦軸のタイトル、横軸のタイトルがあります。線グラフにラベルがつけられているため、内容を解読するときに、凡例とデータをいったりきたりする必要はありません。文字をうまく活用しているため、このグラフはわかりやすいものになっています。

第4章で紹介した「あなたの目がひかれるのはどこ？」のテストをした場合、まずグラフのタイトル、つぎに「現在までの進捗」に目がいくでしょう。ほとんどの場合、私はグラフのタイトルに濃いグレーを使います。これは白地に黒色のような強いコントラストをつけなくても、十分目立つからです（黒はほかの色を使用していないときの強調色としてとっておきます）。色、線の太さ、最終ポイントにおけるデータマーカーとラベル、および対応するテキストのサイズなど、「現在までの進捗」を目立たせるために、いくつもの無意識的視覚情報が使用されています。

ほかにも、目標や昨年の推移ものっていますが、複雑になりすぎないよう配慮されています。$50,000の目標は、参考のためにグラフ上に描かれていますが、細い線を使って目立たないようになっています。線とテキスト両方が、グラフのほかの部分と同じグレーで描かれています。昨年の募金の推移データは、細い線と薄い青を使用することにより、今年の実績と関連づけつつも、目立たないように配慮されています。

軸ラベルも、意図的に表示されています。縦軸の、数字を千の単位で丸めて表示することもできますが、その場合、軸が$0 〜 $60の範囲になり、軸のラベルは「金額（千ドル）」となります。数字が数百万ドルの単位であれば、おそらくそうしたでしょう。しかし、千の単位で数字を考えることは直感的にできるものではありません。そのため、ここでは単位をいじらずに、そのまま使いました。

横軸を見てみましょう。ここでは特定の日に何があったかではなく、

全体のトレンドを見せたいので1日単位でのラベルは必要ありません。30日のうち、いまあるのが10日目のデータなので、横軸に5日ごとのラベルをつけました。7日ごとにラベルをつけ、1週、2週などの上位カテゴリーを追加してもよいでしょう。正解は1つではありません。文脈、データ、そして相手にその図表をどのように使ってほしいかを考え、意図的に選んでいきましょう。

モデルケース②：説明つき予測折れ線グラフ

図6.2　説明つき予測折れ線グラフ

図6.2は、年間売上高の実績および予測折れ線グラフです。

多くのグラフで、実績と予測のデータを区別せずに、1種類の線で描かれているのを目にします。それは間違いです。視覚的に実績データと

予測データの区別を明確にすれば、情報を解釈しやすくなります。図6.2
では、実線は実績データを表わし、薄い破線は予測データを表わします
（薄い破線は実線に比べ、不確実性を表現します）。実績と予測を横軸で
も明確にラベルし、予測部分を薄いグレーの背景にしてほかと異なるよ
うに見せています。

　このグラフでは、2014年以降のデータラベル、グラフタイトル、グラ
フ上のテキストボックス内の日付、データ（線）、いくつかのデータマー
カー、数値ラベルをのぞくすべてのものはグレーを使用して目立たない
ようにしています。このグラフを読むとき、その位置と色、大きさから、
私の目はまず左上のグラフタイトルに注目し、そのつぎにテキストボッ
クスの青の年にいきます。下のデータを見にいく前に、文章を読むため
にいったんとまります。データマーカーはコメントがついているポイン
トのみにつけられていて、コメントがデータのどの部分に関連している
のかを見つけやすくなっています（もともと、データマーカーは青色の
点でしたが、白塗りの青枠線に変更し少し目立つようにしました。白塗
りは点線と一緒に使うとごちゃごちゃして見えるので、予測値のデータ
マーカーは小さい青塗りの丸にしました）。

　$108の数値ラベルは太字になっています。これは実際のデータの最
後のポイントであり、予測の基準となるので意図的に強調しています。
相手には、正確な値よりも相対的な傾向に集中してもらいたいので、過
去のデータポイントはあえてラベルをつけていません。その代わりに縦
軸を残し、だいたいの大きさがわかるようにしています。今後の予測が
明確にわかるように、予測値にはラベルをつけてあります。

　このグラフのすべてのテキストは、意図的に変えてある場合をのぞき、
すべて同じサイズです。グラフのタイトルは大きくしてあります。脚注
は、注意をひきすぎないよう小さいフォントでいちばん下に書いてあり
ます。

第6章　モデルケースを分解する　159

モデルケース③：100％積み上げ縦棒グラフ

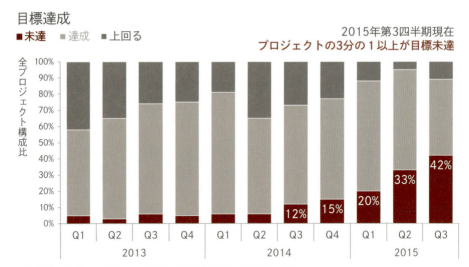

図6.3　100％積み上げ縦棒グラフ

　図6.3の積み上げ縦棒グラフは、コンサルティング業界の事例です。すべてのコンサルティングプロジェクトには、それぞれ具体的な目標があります。これらのゴールに対する進捗状況を四半期ごとに、「未達」「達成」「上回る」のどれにあてはまるかチェックしています。この積み上げ棒グラフでは、経年で全プロジェクトに占める各カテゴリーの割合を示しています。前の例と同じように、詳細については気にせずに、このグラフのデザインから何を学べるか考えてみましょう。

　最初にこのグラフの要素の配置について考えてみます。グラフタイトル、凡例、縦軸がすべて左上に配置されています。これにより読み手はデータを見る前に、グラフを読む方法を目にすることになります。グラフのタイトル、凡例、縦軸タイトル、脚注がすべて整列しており、図表の左側にきれいなラインを作っています。上部のテキストは、その内容

が示している最後の棒グラフと合わせて右側に寄せられています（ゲシュタルト「近接」の法則を活用）。またそのテキストボックスは、凡例と垂直方向で整列しています。

　相手の注意をひきつける色として、赤が使用されています（鮮やかな赤はきつすぎるため、このグラフのように少しくすんだ赤を代わりに使っています）。ほかのすべての要素はグレーです。重要性を示す手がかりとして、赤の上に白く大きな文字で数値ラベルも使われています。「未達」のプロジェクトの割合が増えているところです。残りのデータは、コンテキストを示すためにのせていますが、注目を集めないよう目立たなくしてあります。

　データ系列ごとの区別がつくようにわずかに異なる色合いのグレーを使ってありますが、赤のデータ系列の強調を邪魔しないようにしてあります。

「未達」から「上回る」のカテゴリーを、積み上げ棒グラフの下から上に順番に並べています。「未達」のカテゴリーは横軸にいちばん近く、同じ開始点（横軸）から始まっているため、時系列での変化がわかりやすくなっています。

「上回る」のカテゴリーも同様に一貫してグラフ上部で整列しているため、時系列での変化がわかりやすくなっています。目標を達成したプロジェクトの割合は、上部または下部に一貫したベースラインがないため見にくくなっていますが、優先順位が低いため問題ありません。

　十分な文字情報があるため、このグラフがわかりやすくなっています。グラフタイトルがあり、縦軸にもタイトルがあり、横軸は上位カテゴリ（年）を使い、データをより簡単に読めるようにしています。右上の文章が注意を払うべき部分をさらに強調しています。脚注には、100%積み上げ縦棒グラフからは直接読み取れないコンテキストとして、プロジェクトの総数がどのように変化したかが書かれています。

モデルケース④：正負の積み上げ棒グラフ

部長人数の予想推移

注釈にて予測の根拠と計算方法を説明

図6.4　棒グラフでよい面、悪い面を強調する

　図6.4は、人事の分野からの分析です。予想される管理職人材への需要を把握し、ギャップを見つけ、それに積極的に取り組めるようにするための資料です。この例では、合併や昇進などにより増加するであろう部長の数と、会社を去る部長の数の差が広がることにより、必要とされる部長数を満たせないことが示されています。

　図6.4を見るとき、私はまずタイトルをさっと読みます。そして、そ

の右側にある大きく太い黒い数字に目が行きます。その後、右側のテキストにいき、その数字が「不足」を示していることを理解します。つぎに、目は下のほうへと動き、文章を読みながら、左側のそれぞれのデータをちらっと見ます。そして最後にいちばん下の「退職」に行きつきます。この時点で、私の目は「退職」と「不足」の間でウロウロとします。グラフを左から右側に見ていくと部長全体の数が増加しているところもあるものの（会社が成長するにしたがって、シニアリーダーの需要も増える）、「不足」の大部分は現在の部長の退職が原因であるということに気づきます。

　このグラフでは、色も意図的に使われています。「現在」はいつもの青色で示されています。「退職」は、同じ色の彩度を低くした色になっており、この2つが視覚的に関連づけられています。時間が経つに連れ、横軸の上に出ている「現職」の割合が減り、逆に横軸の下側の割合が増え、より多くの部長が退職することがわかります。「退職」のデータ系列が負の方向に出ていることで、部長の数が減少していることを強調しています。合併や昇進を通じて増えるであろう部長は緑色で示されています。不足は、枠だけを書くことで空白を視覚的に示し、ニーズとのギャップを表現しています。右側の文字ラベルは、すべて対応するデータ系列と同じ色で書かれています。「不足」だけ、対応するデータラベルと同じく大きく太い黒のテキストで書かれています。
　棒グラフのデータ系列の順序は意図的に決められています。「現職」はベースとなる数字なので、横軸の基準線から始まっています。「退職」のデータ系列は負の方向に伸びています。「現職」の上に「合併」や「昇進」で増える部長のデータ系列が追加されています。最後に、いちばん上に「不足」があります（そしてこれがほかのデータを見る前に目に入ります）。

　縦軸は、全体の大きさ（正と負の両方の方向に）をつかめるように残してありますが、グレーのテキストで目立たないようにしてあります。

こちらが見せたい「不足」にのみ、数字のラベルが書かれています。

　このグラフの文章は、特に強調したり、目立たせないようにしている場合をのぞき、すべて同じサイズに統一されています。グラフのタイトルは大きくしてあります。軸タイトルの「部長の数」はテキストを読み取りやすくするためにわずかに大きくされています。「不足」のテキストと数字は、とくに注意をひきたいところなので、ほかのものよりも大きく、太くなっています。脚注は必要に応じて読めればよいので、小さい文字で書かれています。脚注の色をグレーにし、グラフのいちばん下の最も優先順位の低い位置に置くことによって、目立たないようにしています。

モデルケース⑤:積み上げ横棒グラフ

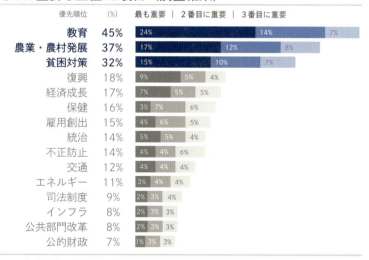

図 6.5　積み上げ横棒グラフ

　図6.5は、新興国において今後の発展のために重要と思われる事項の優先順位に関する調査結果を示しています。このグラフには、多くの情報がのっていますが、強調する箇所をしぼっているため、複雑すぎることなくまとまっています。

　グラフ化されているデータの性質を考えると、積み上げ横棒グラフを使うのが理にかなっています。優先順位が1番高い項目（最初のデータ系列で最も濃い色）、2番目（2つ目のデータ系列で少し薄い色）、3番目（3つ目のデータ系列で、1番薄い色）の合計を表わしたいからです。横棒グラフにすれば、左側のデータのカテゴリー名が読みやすくなります。

カテゴリーは「合計％」の大きい順に垂直方向に構成されています。それはデータを読み取る際の明確な構造となります。最大のカテゴリーは最上部にあるので、最初に目に入ります。トップ3のカテゴリーは色使いを変えることにより強調されています。この色は、カテゴリー名、合計％、グラフデータにも活用されています。この一貫した色の使い方が各要素を視覚的に結びつけます。

　データをグラフにする際に決めることとして、軸を残すか、またはデータラベルをつけるか（もしくは全体のうちのいくつかにつけるか）、その両方にするかどうかという問題があります。この場合は、グラフ内にデータラベルをのせ、小さい文字にしています（それらは左側に寄せてあり、きれいに整列して見えます。右または中央揃えだと位置がバラバラになり、雑然とします）。データラベルは目立ちにくいようにするため、色使いが工夫されています。ライトグレーやライトブルーは、強いコントラストを作りません。横軸は完全に削除されています。この例では、数値が重要であり、ラベルをつけたほうがいいと判断されています。別の例では、異なるアプローチが必要になることもあるでしょう。

　前の例と同様に、文章がグラフのなかで効果的に活用されています。すべてにタイトルとラベルがついています。グラフの凡例は、最初の棒グラフのすぐ上に太字で強調されて書かれています。そのほかの詳細については脚注に記載されています。

まとめ

　モデルケースを作成する際に、どのようなデザインを選ぶかを考えれば、非常に多くのことを学べます。この章の例を通して、これまでに学んできたことを再確認しました。グラフの種類やデータの順序の選択にふれました。色、太さ、サイズを活用して強調したり、目立たないようにしたりすることで、どこに、どのような順で注意がひかれるかを検討しました。要素の整列と配置の仕方についても見てきました。明確なタ

イトルや、ラベルづけ、そして注釈などを活用してグラフをわかりやすくする文字の適切な使い方も学びました。

データビジュアライゼーションのどんな例からも、よい面と悪い面を含めて、学ぶべきものがあります。好きなデータビジュアライゼーションの例を見つけたら、一度立ち止まってなぜ気に入ったのかを考えてみましょう。

データビジュアライゼーションでは、1つだけの正解というものはありません。同じ課題に直面したときに、さまざまな人がさまざまな決定を下すでしょう。ここで紹介したグラフではなく、ほかのデザインを選ぶこともあるでしょう。それで大丈夫です。

本章ではデザインを選ぶ思考プロセスをくわしく説明したので、そのデザインを選択した理由を理解してもらえたのではないでしょうか。その理由こそ、あなたがグラフをデザインする際にも心にとめておくべきことなのです。最も重要なのは、デザインの選択は、意図的なものであるということです。

これで、ストーリーをデータで語るための最終レッスンのための準備が整いました。つぎは「ストーリーを伝える」です。

第7章

ストーリーを伝える

　私が担当するストーリーテリングのワークショップでは、思い出す練習から始めます。参加者に目を閉じてもらい、「赤ずきん」の物語のあらすじを、始まり、ひねり、そして結末について思い出してもらうようにしています。この演習は時に笑いを誘います。参加者はこれがどうストーリーテリングに関係あるのか不思議に思ったり、「3匹の子ぶた」の物語と混同したりすることもあります。しかし、80 〜 90％の人は、あらすじを思い出すことができます。

　私の知っている「赤ずきん」の物語を簡単に紹介します。

　おばあさんが病気になりました。赤ずきんはおばあさんへのお見舞いを入れたバスケットを持って森に散歩に出かけます。途中で、赤ずきんは木こりとオオカミに遭遇します。オオカミは、先回りしておばあさんを食べてしまい、おばあさんの服を着て赤ずきんを待ちます。赤ずきん

が到着すると、何かがおかしいことに気づきます。彼女はおばあさんのふりをしているオオカミにたくさんの質問をし、観察します。

赤ずきんが「まあ、おばあさん、あなたの口はなんて大きいの！」と言うと、オオカミは「それはお前のことを食べるためだよ！」と答えて、赤ずきんを丸呑みしてしまいました。その後、木こりが通りかかり、おばあさんの家の半開きのドアを見て、中を調べることにしました。中では、オオカミが食後の居眠りをしていました。木こりは何が起こったのかを理解し、オオカミを半分に切りました。するとおばあさんと赤ずきんが無事に出てきました！　これが（オオカミをのぞく）すべての人にとってのハッピーエンドの物語です。

それでは、「赤ずきん」とデータコミュニケーションがどう関係しているのかという話に戻りましょう。

この演習はつぎのことを証明します。1つめは繰り返しの力です。誰でもおそらく「赤ずきん」の話を何度も聞いたことがあるでしょう。何度も、聞いたり、読んだり、話したりするプロセスが、内容を長期記憶に保存するのをうながします。2つめは、「赤ずきん」のようなストーリーの、「始まり、ひねり、結末」（このあと、アリストテレスで学ぶ「始まり、中間、終わり」）という魔法の組み合わせは、あとで思い出して同じ話をほかの誰かに再び語ることができるほど、記憶に定着するということです。

この章では、**ストーリー**の魔法を探求し、ストーリーテリングの考え方を効果的なデータコミュニケーションに活用する方法を説明します。

物語の魔法

人はすばらしい演劇や映画を観たり、優れた本を読んだりしたときに、

ストーリーの魔法を体験します。よい物語は人をひきつけ、旅に連れ出し、感情に直接働きかけます。そして、その物語の最中は、途中でやめたくないと思うでしょう。何日も過ぎても、もしかしたら1か月以上経っても、その物語を友人に話して聞かせることができるでしょう。

もし、相手のこうしたエネルギーや感情に働きかけることができたなら、それはすばらしいことではないでしょうか？ ストーリーは、時の試練を経たものです。人間は歴史が始まってこのかた、ストーリーを使って伝えてきました。この強力な魔法を活用するのです。演劇、映画、本などの芸術作品などのストーリーの達人から学び、データでストーリーを伝える際に役立ててみましょう。

演劇のストーリーの構造は「三幕構成」

ストーリーの構造については、アリストテレスやプラトンなどの古代ギリシャの哲学者によって議論されました。アリストテレスは、基本的でありながらも重要なアイデアを提唱しました。それは、物語には、明確な「始まり、中間、終わり」があるということです。彼は演劇の三幕構成を提案しました。この概念は、時間とともに洗練され、現在では一般的に、「設定、対立、解決」と呼ばれています。それぞれの幕にどんなものが含まれているのかを簡単に紹介しながら、そのアプローチから何を学べるか検討します。

まず第1幕は、物語の「設定」をします。
主人公や主な登場人物の紹介、彼らの関係、そして生きる世界を紹介します。この「設定」のあと、主人公は事件に直面します。この事件に対処しようとする試みが、劇的な状況につながります。これは、いわゆる第1のターニングポイントです。第1のターニングポイントは、主人公にとって人生が変わったことを意味し、主人公の行動のきっかけとなるような形でドラマチックな問いを提起します。それが、第1幕の終わりです。

第7章　ストーリーを伝える　171

第2幕は、物語の大部分を占めます。

ここでは、第1のターニングポイントで発生した問題を解決するための主人公の試みを描写します。多くの場合、主人公は直面している問題に対処するスキルを持ちあわせておらず、その結果としてますます悪いことに遭遇します。これは、「人物の心の軌跡」として知られています。主人公は新しいスキルを習得したり、自分の状況に対処したりするために、自分が何者で、何をすることができるのか、より一段高い気づきに到達する必要があります。

第3幕は、物語とその伏線を解決します。

ここに、物語の緊張が最高点に達するクライマックスが含まれています。第1幕で導入されたドラマチックな質問に答えられ、主人公とほかの登場人物が、新たな感覚を通して自分が何者であるかを理解します。

ここで学ぶべきことがいくつかあります。まず三幕構成は、一般的なコミュニケーションでも役立つモデルだということです。さらに、衝突と緊張はストーリーには不可欠だということです。これらのアイデアについては、のちほど具体的な応用方法を紹介します。つぎに映画の物語の達人について見てみましょう。

事実の羅列だけの物語はつまらない

ロバート・マッキーは、数々の受賞歴のある脚本家、監督であり、また脚本の書き方を教える有名講師でもあります。彼の教え子には、63のアカデミー賞と164のエミー賞の受賞者がいて、彼の著書『Story』（2010）は、多くの大学の映画・映像の授業で指定図書になっています。ハーバード・ビジネス・レビューのインタビューで、彼はストーリーを通じて人を説得することについて話しています。その中に、ストーリーをビジネスシーンでどのように応用できるかのヒントがあります。人々を説得するには、2つの方法があるとマッキーは言います。

まず1つめは、理性に訴える従来のやり方です。ビジネスの世界では、

一般的にパワーポイントのスライドに、箇条書きの事実や統計データを盛り込んで人を説得します。しかし、そのやり方は同時に問題も内包しています。相手を説得しようとしている間、相手は頭の中であなたと議論しているのです。マッキーはこうも指摘しています。「その方法で相手を説得できたとしても、理性の面でだけです。それだけでは十分とは言えません。人々は理性だけでは行動する気にならないからです（フライヤー、2003年）」。

「赤ずきん」の物語を、理性に訴える従来のやり方に書き換えた場合、どのようになるか想像してみてください。コミュニケーションの指導者、リビー・スピアーズが「赤ずきん：パワーポイントが町にやってきた」というプレゼンテーションで、おもしろいバージョンを作っていますので、ここで一部紹介しましょう。

・赤ずきんはA点（家）からB点（おばあさんの家）まで0.54マイルを歩かなければいけない
・赤ずきんはオオカミに出会う。そのオオカミは①先回りし、おばあさんのところへ行く、②おばあさんを食べる、③おばあさんの服を着る
・赤ずきんはおばあさんの家に午後2時頃に到着する。そしておばあさんに3つの質問をする
・問題の発見：3番目の質問のあと、オオカミは赤ずきんを食べる
・問題の解決：木こりが斧を使う
・予想される結果：オオカミは死に、おばあさんと赤ずきんは生きている

　事実のみに縮めた場合、物語はあまりおもしろくなくなってしまいます。

　マッキーによると、人を説得する2つめの方法は、ストーリーを介するやり方です。ストーリーは、相手の関心とエネルギーを喚起し、考えと感情を一体化させます。説得力のあるストーリーを語ることは、創造性を必要とするため、従来の理性に訴えるやり方よりも難しいと言えま

す。しかし、ストーリーはまったく新しいレベルで相手を巻き込むことができるので、創造力を使って、時間をかけて考えるだけの価値があるのです。

　では、ストーリーとは、そもそも何でしょうか？　基本的には、ストーリーは「なぜ、どのように、人生が変化するのか」を表現します。ストーリーは安定した状態から始まります。そして、何かが起こり、バランスが崩れます。マッキーは、これを「主観的な期待が、残酷な現実に直面する」と表現しています。これは演劇のストーリーテリングで話した「緊張」と同じものです。その結果としてのもがき、衝突、不安は、ストーリーの重要な要素です。

　マッキーは、いくつかの質問によって、ストーリーを明らかにすることができると言います。
「主人公が自分の人生にバランスを回復させるために必要なものは何か？」「いちばん必要とされているものは何か？」「主人公の願望を達成から妨げているものは何か？」「主人公は、自分の願いを実現する妨げとなる勢力がいた場合、どのように行動するか？」
　そして、ストーリーを作成したあと、マッキーはもう一度熟考し、つぎのようなことを自分に尋ねることをすすめています。
「そのストーリーを信じますか？」「その苦悩は誇張しすぎでも、ぼかしすぎでもないですか？」「真摯なストーリーですか？」

　マッキーから学ぶべきことは、ストーリーを活用すれば、相手の感情を巻き込むことができるということです。これを事実だけでは実現できません。より具体的には、コミュニケーションを形成するストーリーを見つける場面で、マッキーが紹介した質問を使えます。この点については、のちほどさらに検討したいと思います。その前に、文章の世界におけるストーリーの達人から何が学べるかを見ていきましょう。

小説家が明かす「魅力的な物語」を書く７つの秘訣

　カート・ヴォネガット（『スローターハウス5』『チャンピオンたちの朝食』《ともに早川書房》などの小説の作者）が、ある新聞記者から魅力的な物語を書くことについて尋ねられたとき、つぎのようなヒントを教えてくれました。彼の記事「スタイルを持って書く」から抜粋します。

１．**あなたが本当に関心を持てるテーマを見つけましょう。**言葉をどう扱うかではなく、真摯な関心、それこそが最も説得力があり、魅力的な要素になります。

２．**長々とおしゃべりしてはいけません。**

３．**シンプルを心がけましょう。**偉大な先人たちは、最も深遠な内容を書くときには、最もシンプルな文章を書きました。シェイクスピアのハムレット中のセリフ、"To be, or not to be?"（生きるべきか死ぬべきか）で使われている最も長い単語は3文字です。

４．**減らす勇気を持ちましょう。**どんなに優れた文でも、テーマを輝かせることができなければ、削除しましょう。

５．**自分らしくありましょう。**私は自分の文章がインディアナポリス出身の人が書いたように聞こえると（実際それが私ですが）最もしっくりきます。そしてほかの人も同じように感じるでしょう。

６．**きちんと伝えましょう。**もし私が句読点のすべてのルールを破り、言葉の意味を自分で好きなように変え、めちゃくちゃにそれらを並べたら、ほかの人には理解されないでしょう。

７．**読者に配慮しましょう。**読者には、共感力があり、簡単に噛み砕いて説明してくれる辛抱強い教師が必要なのです。

　これには、データコミュニケーションにも応用できる、多くのアドバイスが含まれています。シンプルを心がける。減らす勇気を持つ。そして本物であるということ。ストーリーは自分のためにあるのではありません。相手のためにあります。

　ここまで、ストーリーの達人たちからレッスンを学んできました。さあ、今度はそれを活用してストーリーを作る方法を考えてみましょう。

ストーリーを「三幕構成」で作る

第1章でストーリーの基礎、3分ストーリー、ビッグアイデア、そしてストーリーボードを紹介しました。相手が誰で、何をしてもらいたいのかを明らかにすることが重要だと学びました。この本の中盤では、コミュニケーションで使うデータビジュアライゼーションを完璧なものにする方法を学びました。そしていまこそまたストーリーに戻る時間です。ストーリーは、情報をまとめ、プレゼンテーションやコミュニケーションに枠組みを与えるものです。

おそらく、作家のヴォネガットは、アリストテレスのシンプルだけれども深遠な洞察、ストーリーに明確な「始まり、中間、終わり」があることを高く評価したことでしょう。赤ずきんについて検討したときの「始まり、ひねり、結末」の魔法の組み合わせを思い出してみてください。データを使ったコミュニケーションでも、「始まり、中間、終わり」もしくは「三幕構成」を参考にすることができます。それでは、これらの各要素と検討すべき細かい点についてそれぞれ見ていきましょう。

始まり：設定を伝えて、コンテキストを構築する

最初に行なうことは、**始まり**（設定）を伝えコンテキストを構築することです。これを第1幕と思ってください。このセクションでは、ストーリーの基礎となる要素の設定、環境、主人公、未解決の問題、そして望ましい結果を設定します。相手を巻き込み、関心をそそり、「なぜこれに注意を払うべきか？」「私の役に立つものは何かあるか？」という質問に答える必要があります。

コミュニケーション・コンサルタントのクリフ・アトキンソンは、著書『Beyond Bullet Points（箇条書きを超えて）』で、ストーリーを構築するうえで、答えられるようにすべき質問について書いています。

1．設定：いつどこでそのストーリーが起きているか？
2．主人公：誰が行動の主体なのか？
3．アンバランス：何が変わったのか？ なぜそれが必要なのか？
4．バランス：何が起きて欲しいか？
5．解決策：どのように変化をもたらすのか？

　これらの質問と、先のマッキーがあげたポイントの類似性に気づいたでしょうか？　ストーリーのアンバランス‐バランスを作る方法は、あなたが提起したい問題と解決策を使うことです。もし「問題なんてない」と思うのであれば、考え直しましょう。これまで見てきたように、衝突とドラマチックな緊張は、ストーリーにおける重要な構成要素です。すべてがバラ色で、それが続くと予想される話はおもしろくなく、行動を駆り立てるものではありません。衝突と緊張、つまりバランスとアンバランス、また提起したい問題は、相手を巻き込むストーリーテリングのツールなのです。ストーリーを相手の視点で定義し直しましょう。問題の解決に対し、相手も関係があるようにします。ビッグアイデアを提唱するナンシー・デュアルテは、この緊張について「現状と可能性の間の衝突」と呼んでいます。いつでも語るべきストーリーはあります。相手に伝える価値があるものであれば、時間を費やす価値があるのです。

中間：相手の可能性、行動の必要性を説明する

「始まり」を設定したら、コミュニケーションの大部分は、相手に「どのような可能性があるのか」を説明し、行動の必要性を理解してもらうために展開します。提示した問題を相手がどう解決できるのかということを見せ、注意をひきつけます。あなたが提案する解決策をなぜ受け入れたほうがよいか、もしくはなぜ行動したほうがよいかを説明します。
　中間部分に含める内容は、状況に応じてさまざまな形態をとります。つぎにあげるものは、ストーリーを構築し、相手を納得させるために活用できるアイデアです。
・関連する背景情報を増やし、状況や問題についての議論を発展させる

- 外部のコンテキストや比較するものを組み込む
- 問題を説明するための例を示す
- 問題を示すデータを入れる
- アクションがとられなかったり、変更がなされなかったりした場合、どうなるのか明確に示す
- 問題に対処するために取りうる選択肢を提案する
- あなたが提案する解決策のメリットを示す
- なぜ相手が意思決定や行動を起こすべき立場にあるのかを伝える

　コミュニケーションに含めるものを考えるときは、つねに、相手のことを最優先に考えましょう。彼らは何と共鳴し、何が動機となるかについて考えてみてください。相手は何で動機づけされますか？　お金を儲けることでしょうか？　競争を勝ち抜くこと？　市場シェアを獲得すること？　経営資源を節約すること？　無駄を排除すること？　イノベーションを起こすこと？　スキルを身につけること？　または何かほかのものでしょうか？

　相手を動機づけるものを見つけられたら、それに合わせてストーリーを組み立ててください。データがストーリーを強化するかどうか、またどこで役に立つかを考え、必要に応じて組み込みましょう。具体的で相手に関係ある情報を提供しましょう。ストーリーは、相手に関するものであって、自分についてのものではありません。

まず見出しを書きましょう

　プレゼンテーション全体の流れを組み立てるときには、見出しから書くとよいでしょう。第1章で紹介したストーリーボードを思い出してください。それぞれの見出しをふせんに書きます。明確な流れを作るために、それぞれのアイデアを論理的につなぎ、わかりやすい順番を検討しましょう。各見出しを各スライドのタイトルや報告書のセクションタイトルにします。

終わり：何をしてもらいたいか「行動」を呼びかける

最後に、ストーリーには結末が必要です。**行動への呼びかけ**で終わりましょう。それまでに伝えてきた視点や知識をもとに相手に何をしてもらいたいかを完全に明らかにします。ストーリーを終了する1つの古典的な方法は、始めに戻ることです。

ストーリーの始めにプロットを設定し、緊張状態を導入しました。「終わり」では、提起した問題と、結果として必要な行動について再度伝え、その緊急性を繰り返し、すぐに行動に移すことをうながします。

ストーリーやその順序について考えるとき、もう1つ検討すべきことは、ナレーションです。

魅力的な「ナレーション」でより魅力的に

コミュニケーションを成功させるには、ナレーションが大切です。ナレーションとは、口で語る言葉、書く言葉、またはその組み合わせすべてを指します。それは、相手にストーリーを伝え、なぜそれが重要で、おもしろく、注意して聞く必要があるかを理解させるものです。

最高に美しくよくできたデータビジュアライゼーションも、魅力的なナレーション抜きには、まったく価値がなくなる可能性があります。

いままでに、平凡なスライドで構成された、すばらしいプレゼンテーションを見た経験があることでしょう。熟練したプレゼンターは、平凡な資料でもすばらしいプレゼンテーションにすることができます。強力なナレーションは、ひどいビジュアルに打ち勝つことができます。それほど魅力的で力強いナレーションは重要なものです。効果的なビジュアルが、強力なナレーションと組み合わされたときに、データコミュニケーションは最高域に到達します。

第7章　ストーリーを伝える　179

ナレーションにおける、ストーリーの順序と口で語る言葉、書く言葉について、検討すべきポイントを見ていきましょう。

ナレーションの流れ：ストーリーの順序を考える

　相手に聞かせたいストーリーの順序を考えてみましょう。

　相手は忙しい人ですか？　結論から伝えたほうがよさそうですか？それとも、新たなクライアントで、まず信頼を勝ち取る必要がありますか？　プロセスを重視しますか？　それとも単に答えを聞きたいですか？　彼らの意見を必要としますか？　彼らに意思決定してもらう必要がありますか？　または行動をしてもらう必要がありますか？　どのようにすれば最も望ましい形で彼らに納得してもらうことができますか？

　これらの質問への答えを考えれば、特定の状況をふまえて、どのような話し方が最も効果的かを判断できます。

　ストーリーは順序が重要なポイントとなります。特定のトピックに関する数字と言葉を集めても、それらを整理し、意味を与える構造がなくては価値がありません。ナレーションは、プレゼンテーションで相手を導くものです。ナレーションの流れは、あなたにとって完全に明確になっている必要があります。そうでなければ、相手にとっても明確にはなりえないのですから。

これをストーリーにするのを手伝って！

クライアントがスライドを持ってアドバイスを求めに来るとき、最初にやることはその資料を脇に置いてもらうことです。そして、第1章で紹介した、ビッグアイデア、3分ストーリーの演習をします。それは資料を作る前に、伝えたいものをしっかりと理解している必要があるからです。ビッグアイデアと3分ストーリーをきちんと話すことができたら、どんなナレーションの流れがいいか、そしてどのように資料を組み立てるのがいいかを考え始めることができます。

おすすめの方法は、資料の最初に1枚スライドを入れ、ストーリーの重要なポイントを書くことです。これはプレゼンテーションの最初に相手に伝える、エグゼクティブサマリーになります。そして、この流れに沿って残りのスライドを整理します。プレゼンテーションの最後に、また同じことを繰り返します。相手がとるべき行動や、行なうべき決断を伝えます。こうすることで、プレゼンテーションに構造を作り、明確に伝えることができます。また、繰り返しを活用して、メッセージが相手の記憶に残るようにします。

ストーリーの流れを作る方法として、いちばん自然に頭に浮かぶのは、**時系列に並べる**というものです。一般的な分析プロセスをふまえると、つぎのようになります。

問題を特定し、状況をよく理解するためにデータを集めます。そして、そのデータを分析し、解決方法を導き出し、それにもとづいてアクションを提案します。コミュニケーションの1つの方法は、相手にそれと同じ道筋をたどらせ、自分と同じ体験をしてもらうことです。このアプローチは、相手から信頼を勝ち取る必要がある場合、もしくは彼らがプロセスについて興味があるときは効果的です。しかし、時系列が唯一の

選択肢ではありません。

　もう1つの方法は、**結論から始める**ことです。アクションへの呼びかけから始めましょう。相手に知ってもらうこと、もしくは行なってもらうことから伝えます。そして、それを支えるストーリーの重要な部分を説明します。すでに信頼関係を確立している場合、もしくはプロセスよりも結論に興味がある場合は、このアプローチがうまく機能します。

　結論から始める方法には、もう1つの利点があります。相手がどのような役割を担うのか、残りのプレゼンテーションをどのような視点で見ればいいのか、なぜプレゼンテーションを聞き続けるべきなのかが、最初から明らかになっていることです。

　ナレーションの流れを明確にする一環として、どの部分は書き、どの部分は口で説明するべきかを考える必要があります。

「ライブプレゼンテーション」と「文書」の違いを理解する

　プレゼンテーションをするときには、それが聞き手の前に立って行なうフォーマルなものであっても、テーブルを囲むカジュアルなものであっても、ナレーションのほとんどの部分は口頭での説明になります。一方、メールやレポートを送る場合、ナレーションはすべて記述されることになります。各形式には、それぞれのよさと難しさがあります。

　ライブプレゼンテーションでは、スクリーン上の言葉を、話す言葉によって補強できます。このやり方だと、相手は知るべきことを目と耳の両方で認識するので、情報は強化されます。各図表の「だから何？（結論）」を明確にし、相手に関連づけ、1つのアイデアをつぎのアイデアにつなげるために、ナレーションを活用できます。その場で質問にも答えられ、必要に応じて説明を加えることができます。

　ライブプレゼンテーションにおける注意点は、スライド上の情報が多すぎて、話を聞くことよりも、スライドを一所懸命読むことに相手の注

182

意が移ってしまわないようにすることです。

　もう1つの課題として、相手が予期しない行動をとることがあげられます。たとえば、トピック以外のことで質問をすること、前の論点に戻ること、プレゼンテーションの軌道から外してくることがあります。もしあなたをストーリーの軌道から外してくる人がいたら、このように伝えましょう。

「たくさん質問したいことが出てくると思いますので、どうぞ思いついたときに書きとめておいてください。プレゼンテーションの最後に、質問に答える時間を作ります。まずは、私たちのチームがこの結論に到達するために実施したプロセスを見てみましょう。それが、本日の提案へとつながります」

　ライブプレゼンテーションをするときには、事前に聞き手の役割とプレゼンテーションの構成を伝えておくとよいでしょう。

　結論から始めるなら、一般的なアプローチとは異なるので、相手に結論から始めようとしていることを伝えましょう。たとえばこのような感じです。

「今日は、まずみなさんにお願いしたいことからお伝えします。詳細な分析を経て、私たちのチームはある結論に達しました。そしていくつかの選択肢を検討しました。これらをすべて説明します。しかしその前に、まず結論に焦点を当ててみたいと思います。それは……」

　こうして、どのようにプレゼンテーションを構成しているのかを相手に伝えると、相手は何が起きるのか予想できますし、また自分たちの役割も理解できるため、相手もあなた自身も安心できます。

　報告書（プレゼンテーションの代わりに回覧されたり、あとで内容を思い出させるために配られたりする資料）では、その内容を口頭で説明できません。資料に書いたナレーションでそれを実現することになります。どんな内容を書く必要があるか、考えてみてください。あなたの説明なしで資料が回覧されるときは、各スライドにおける「だから何？

第7章　ストーリーを伝える　183

（結論）」が明確になっていることが大切です。おそらくそうなっていない資料を見たことがあるでしょう。事実の箇条書きや、数字でいっぱいのグラフや表がのっているスライドを見ていて、「ここから何を読み取るべきかさっぱりわからない」と思ったことがあるはずです。

　したがって、**文書**では論点やポイントを明確に伝え、相手に関係があると思わせる言葉がきちんと書かれている必要があります。

　このような場合、その資料の内容にくわしくない人からフィードバックをもらうと効果的です。そうすれば、ストーリーの流れや明確さに関する課題や相手の頭に浮かびそうな疑問を見つけられ、積極的にそれらに対処できるようになります。報告書形式のアプローチでは、資料の構造を明確にしておけば、読み手が自分たちの興味があるところを直接見にいくことができます。

　ここまで、ナレーションの構造と流れについて確認してきました。今度はストーリー中で活用すべきもう1つの戦略、「繰り返し」について見ていきましょう。

「繰り返しのパワー」を活用して相手の記憶に残す

「赤ずきん」の話を思い出してください。私が「赤ずきん」の話をよく覚えている理由の1つは、繰り返しにあります。小さいころ、何度も読んだり、読み聞かせてもらったりしました。第4章で述べたように、重要な情報は短期記憶から徐々に長期記憶に転送されます。その情報が繰り返されるほど、長期記憶にとどまる可能性が高くなります。だからこそ、「赤ずきん」の物語が私の頭の中にいまだに残っているのです。ストーリーでもこの繰り返しの力を活用できます。

　繰り返しの力に関連して、「ビン・バン・ボン」というコンセプトがあります。私の中学校の国語の先生が、作文の書き方の授業でこのコンセプトを紹介してくれました。おそらく「ビン・バン・ボン」という覚え

やすい音と、先生がキャッチフレーズとして繰り返し使っていたため、私の記憶に残っています。そしてこれはデータでストーリーを伝えるときにも活用できます。

　まず相手に何を話すのかをまず説明する（「ビン」、導入部分）。つぎに、それを伝える（「バン」、実際の作文の中身）。そして、その伝えたことをまとめる（「ボン」、結論）、というものです。プレゼンテーションやレポートに適用すると、話そうとしている内容をまとめたエグゼクティブサマリーで始め、つぎに内容や詳細を伝え、最後に主なポイントをまとめたスライドで終了する、という形になります。

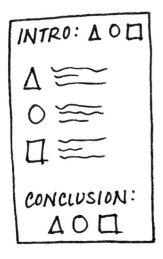

図 7.1　ビン、バン、ボン

　この方式でプレゼンテーションや報告書を書くときには、自身が内容に精通しているため、冗長に感じるかもしれません。しかし、初めてその内容にふれる相手にとってはわかりやすくなります。何がそのコミュニケーションでカバーされるのか、期待値を設定し、つぎにその詳細を紹介し、最後にまとめます。内容を相手の記憶にとどめるために、この

繰り返しが役に立ちます。メッセージを3回聞いたあとには、それを理解し、何をすべきかが明確になっているはずです。

「ビン、バン、ボン」は、あなたのストーリーを明確なものにするために活用できる方法です。ほかの方法も見てみましょう。

ストーリーが明確かどうかを確認する4つの方法

相手に伝わるストーリーを作るためのワークショップで、私がいつも紹介するコンセプトがあります。プレゼンテーション資料で分析結果や所見、提案を伝えるときに活用できます。報告書やほかのフォーマットへも応用できます。

それでは、プレゼンテーションのストーリーを明確にするための4つの戦術として、水平ロジック、垂直ロジック、逆ストーリーボード、そして第三者の目を紹介します。

水平ロジック

水平ロジックの背景にある考えは、パワーポイントの各スライドのタイトルを読んでいくと、伝えたい包括的なストーリーがわかるというものです。これらをうまく機能させるには、アクションタイトル（説明的なタイトルではなく、行動を呼びかけるタイトル）をつけていることが大切です。

水平ロジックを確実に組み立てる方法は、エグゼクティブサマリーをプレゼンテーションの最初に持ってくることです。エクゼクティブサマリーの箇条書きと、そのあとに続くスライドのタイトルが同じ順番になっています（図7.2）。こうすると、何がつぎに来るかを相手に予想させたうえで、詳細を説明することができます（先ほど紹介したビン、バン、ボンのアプローチを思い出してください）。

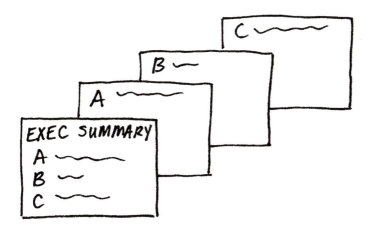

図 7.2　水平ロジック

　水平ロジックは、ストーリーが資料全体を通して明確になっているかどうかをチェックする方法です。

垂直ロジック
　垂直ロジックは、スライド上のすべての情報が「自己強化」することを意味します。つまり、スライドの内容はタイトルを強化し、またその逆も同じです。言葉は図表を強化し、図表は言葉を強化します（図7.3）。そこには何も余分な情報や無関係な情報はありません。ほとんどの場合、何を削除するか、または別添資料に入れるかどうかの決定は、何を残すかを決めるのと同じくらいか、場合によってはより重要です。

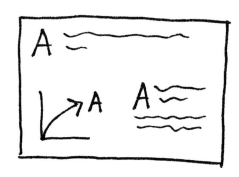

図 7.3　垂直ロジック

水平ロジックと垂直ロジックの両方を採用すれば、あなたが伝えたいストーリーが確実に伝わるようになります。

逆ストーリーボード

コミュニケーションの最初の段階でストーリーボードを書くときは、語ろうとしているストーリーのアウトラインを作成します。

逆ストーリーボードは、その名前が示すとおり、その逆でストーリーを作成します。つまり、完成したプレゼンテーション資料を見ながら、各ページの主なポイントを書き出します（これは水平ロジックをテストするよい方法でもあります）。その結果が、伝えたいストーリーのためのストーリーボードまたはアウトラインになります（図7.4）。

そうならない場合、逆ストーリーボードは資料のどこを修正したり、削除したり、移動したりすればよいかを把握しやすくしてくれます。そして全体の流れと構造を整えます。

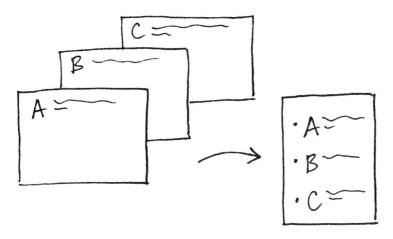

7.4　逆ストーリーボード

第三者の目

　これまで、データビジュアライゼーションでは、第三者の目でチェックすることが大切だと説明してきました。資料全体に対してフィードバックを求めることは、非常に効果的です。一度資料ができあがった段階で、友人や同僚に渡します。内容についてまったく知らない人がよいでしょう。そのほうが実際の相手により近い立場で資料を見ることができるからです。どこに注意がいき、何を重要だと思い、どこで質問が浮かんだかを聞きましょう。こうすることで、あなたが作った資料が、伝えようとしているストーリーを示せているか、そうでない場合はどこに説明を加える必要があるかを特定しやすくなります。

図 7.5 第三者の目

　一般的には、データを使って伝える際に、第三者の目でチェックすることには信じられないほどの効果があります。自分がその分野のトピックの専門家である場合、自分たちが作ったもの（それが単一のグラフでも完全なプレゼンテーションでも）を相手の目で見られなくなってしまいます。しかし、それは相手が見るものをまったく見ることができないという意味ではありません。友人や同僚の第三者の目を活用しましょう。そうすれば、あなたの資料はよりよいものになります。

まとめ

　ストーリーは魔法です。それは、事実を並べるだけではできない方法で人々を魅了し、記憶にとどまる力を持っています。ストーリーには構造があります。資料を作り上げるのに、その力を活用しない手はありません。

　ストーリーには、始まり（設定）、中間（ひねり）、終わり（アクションへの呼びかけ）が必要です。衝突と緊張は、相手の注意をひき、維持する鍵となります。ストーリーを構成するもう1つの中心的な要素は「ナレーション」です。それは、順序（時系列、または結論から始める）と方法（話し言葉、または書き言葉、もしくは両方の組み合わせ）から成り立っています。ストーリーが相手の記憶にとどまるよう、繰り返し

の力を利用できます。水平ロジック、垂直ロジック、逆ストーリーボード、第三者の目などの方法を使って、ストーリーが明確に伝わるようにします。

ストーリーの主人公は、いつも相手です。相手を主人公にすることによって、ストーリーを自分たちのものではなく、相手に関するものにします。データを相手に関係があるように見せることは、ストーリーを作成するうえで重要なポイントです。あなたはもはやただデータを見せることはなく、データを使ってストーリーを語ることでしょう。

ここで、最終レッスンは終了です。あなたは、**ストーリーを語る**方法を知っています。

つぎは、データの処理から全体ストーリーまで、例を通して最初から最後まで見てみましょう。

第8章

さあ、全体をまとめよう

　これまで、効果的にデータを表現して伝えるための個々の要素に焦点を当て、つぎのような内容を学んできました。

１．コンテキストを理解する（第1章）
２．相手に伝わりやすい表現を選ぶ（第2章）
３．不必要な要素を取りのぞく（第3章）
４．相手の注意をひきつける（第4章）
５．デザイナーのように考える（第5章）
６．ストーリーを伝える（第7章）

　この章では、ここまでに紹介したレッスンの内容を応用しながら、データを使ってストーリーを語るプロセスを、1つの例を通して最初から最後まで見ていきます。

まず、図8.1を見てみましょう。5つの消費材製品（A、B、C、D、E）の平均小売価格の推移を示しています。少し時間をとって読んでみてください。

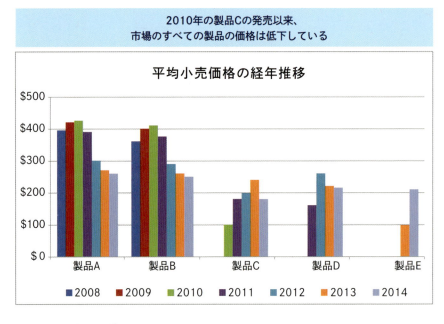

図 8.1　もとのグラフ

このグラフの個別の改善点を指摘するのは簡単です。しかし、このデータを表現する最良の方法について議論する前に、コンテキストを考えてみましょう。

レッスン①：コンテキストを理解する

データビジュアライゼーションを始めるときには、まず、コンテキストをしっかりと理解し、何を伝える必要があるのかを確認しましょう。具体的な相手と、その相手が何を知る必要があるのかを特定し、そのうえで伝えたいことを説明するためのデータを決めます。そこでまず、

ビッグアイデアを考えます。

　ここでは、消費材を扱うスタートアップで仕事をしていると仮定しましょう。製品の価格戦略について検討しています。検討事項の1つは、この市場で競合製品の小売価格が、時間の経過とともにどのように推移したかを知ることです。最初のグラフでは「2010年の製品Cの発売以来、市場のすべての製品の価格は低下している」という洞察結果が書かれています。

　具体的なコミュニケーションの相手や方法、つまり誰が、何を、どのように、に関しては、つぎのように仮定します。

　誰に：製品責任者、当社の製品の価格を決定するうえで重要な意思決定者
　何を：競合他社の製品価格が時間の経過とともにどのように推移したかを理解してもらい、今後当社がとるべき適正価格帯を提案する
　どうやって：製品A、B、C、D、Eの平均小売価格の推移を見せる

　ビッグアイデアは、つぎのようなものが考えられます。
「この市場における製品価格の推移をふまえて、競争優位性を保つには、私たちは\$ABC-\$XYZの範囲の小売価格で製品を販売することを提案します」

　つぎはこのデータを表現する方法をいくつか考えてみましょう。

レッスン②：効果的な表現を選択する

　見せるデータを決めたら、つぎはそれを表現する最良の方法を決めます。ここでは、最も見せたいものは各製品の価格推移です。図8.1を見てみると、棒全体の色がすべてばらばらで、グラフが必要以上に読み取

りにくくなっています。何度もこのデータが出てきますが、お付き合いください。議論が進むにつれて、データの異なる見せ方が、何に注意を向け、観察結果にどんな影響をおよぼすかがわかります。

まずは、あふれかえっている色を取りのぞいてみましょう。その結果を図8.2に示します。

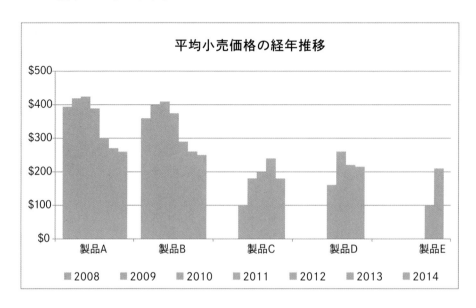

図 8.2　色を取りのぞく

この時点で、クラターを排除したいという衝動を感じるかもしれません。私もそうです。つぎのセクションですべて解決できるので、いまは我慢してください。

もとのグラフでは、2010年に製品Cが発売されたあと、何が起こったかに注目していたので、そこに関連するデータを強調してみましょう。図8.3を見てください。

図 8.3　2010 年以降を強調する

　これを見ると、特定の期間における製品AとBの平均小売価格は明らかに減少していますが、そのあとに発売された製品についてはあてはまらないようです。全体のストーリーを伝える際には、もとのスライドに書かれていたタイトルを変更する必要があります。

　ここで見せたいものは時系列のトレンドなので、棒グラフの代わりに線グラフを使うのはいい考えです。線グラフを使えば、棒グラフの不自然な階段をなくせます。それでは、同じレイアウトで線グラフに変えたらどのようになるかを図8.4で見てみましょう。

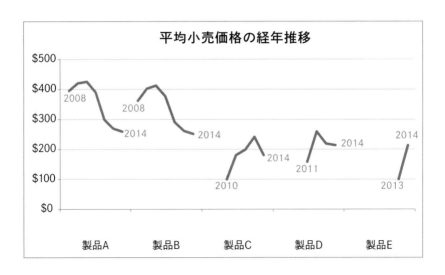

図 8.4　線グラフに変更する

　図8.4では、1つひとつの製品に対して、時系列で何が起こっているかをより明確に確認できます。しかし、このままでは特定の時点の製品同士を比較できません。共通の横軸に対してグラフ化すれば、この問題を解決できます。さらに、ラベルの重複とクラターも整理できます。結果は図8.5を見てください。

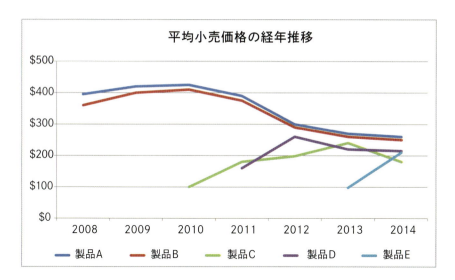

図 8.5　統合された線グラフ

　グラフの種類を変えると、エクセルは自動的に前のステップで外した色を追加し、凡例を表示します。まずは、それらを無視して、このデータの見え方が伝えたいものを表現できているかどうかを検討してみましょう。目的は、競合他社の製品価格が時間の経過とともにどのように変化したかを理解することでした。図8.5のグラフでは、これを比較的容易に理解できます。そこで、この図のクラターを取りのぞき、意図するところを目立たせれば、よりわかりやすく表現できます。

レッスン③：不必要な要素を取りのぞく

　図8.5は、エクセルなどのグラフアプリケーションのデフォルト設定で、グラフがどのように見えるかを示しています。つぎのように変更すれば、見え方を改善できます。

- **図のタイトルの強調をやめる**。タイトルは必要ですが、黒の太字にしてまで注目を集める必要はありません。
- **グラフの境界線と罫線を削除する**。境界線と罫線は付加価値がないの

に、スペースをとります。不必要な要素でデータから注意をそらさせてはいけません。
- **横軸と縦軸を目立たなくする**。軸線とラベルをグレーに変更し、データと視覚的に競合しないようにします。横軸の目盛り線を変更し、データポイントと合わせます。
- **線グラフの色をなくす**。色はもっと戦略的に活用することができます。これについては、すぐにくわしく説明します。
- **線グラフに直接ラベルをつける**。線グラフに直接ラベルをつけ、データと凡例をいったりきたりする作業をなくします。

図8.6は、これらを変更したあとに、グラフがどのように見えるかを示しています。

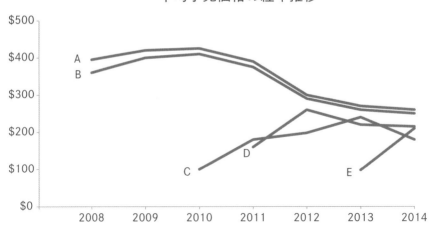

図 8.6　クラターを取りのぞく

つぎに、相手の注意をどうやってひきつけるかを見ていきましょう。

レッスン④：相手の注意をひきつける

図8.6に示した図では、時系列で何が起こっているか、はるかに簡単に理解できます。無意識的視覚情報を戦略的に使うことで、このデータのさまざまな側面に焦点を当ててみましょう。

まずは、最初の見出しを考えてみます。
「2010年の製品Cの発売以来、市場のすべての製品で価格が低下した」
データをよりくわしく見た結果、このように変えるとよいでしょう。
「2010年の製品Cの発売以来、既存の製品の平均小売価格が低下した」
図8.7は、色を戦略的に使用して、新しい見出しにデータの重要なポイントを結びつける方法を示しています。

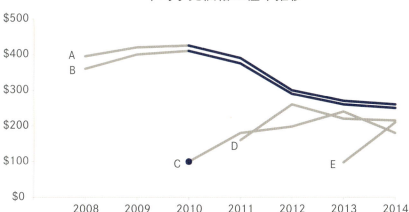

図 8.7　相手の注意をひきつける

図8.7の線グラフを、部分的に色づけすることに加えて、2010年の製品Cの発売にデータマーカーを追加することで、注意をひくようにしています。製品AとBの価格低下と一貫性のある色を使用することで、視覚的に関連づけられています。

第8章　さあ、全体をまとめよう　201

エクセルグラフのフォーマットを変更する

通常、エクセルなどのソフトウェアでは、データ（線または棒グラフ）を全部一緒にフォーマットします。しかし、図8.7、8.8、8.9のように特定の場所を目立たせるために、特定のポイントだけ別にフォーマットするのも効果的です。まずデータ系列をクリックし、つぎにその特定のポイントのみ選択します。右クリックで書式設定を選択すると、選択した特定のポイントだけ必要に応じてフォーマットができるようになります。そこで色を変更したり、データマーカーを追加したりできます。変えたい部分にこの手順を繰り返します。時間はかかりますが、できあがる図表は相手にとってわかりやすいものになります。

同じグラフを使って、より興味深く、注目に値する別の見方ができます。「この市場における新製品は、**最初は平均小売価格の上昇**で始まり、**その後、価格の低下に転じます**」。図8.8を見てください。

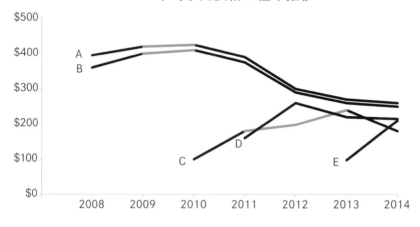

図 8.8　見るべきところを変える

また、「2014年の時点では、**平均小売価格は$223**で、最高$260（製品A）から最低$180（製品C）の間に収束した」ということも興味深い洞察かもしれません。図8.9は、この事実を見せるために、色とデータマーカーを使用して特定の場所を目立たせています。

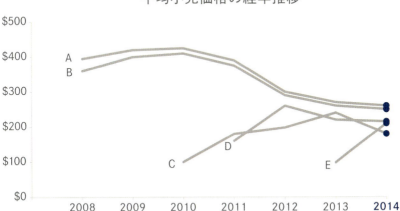

図 8.9　相手の注意を再度ひきつける

無意識的視覚情報を活用すれば、より明確に特定の物事を見せられます。このような方法で、ストーリーの異なる部分を強調し伝えることもできます。ストーリーを伝える方法について検討を続ける前に、デザイナーとして、この図表を完璧にしましょう。

レッスン⑤：デザイナーのように考える

はっきりと気づいていないかもしれませんが、すでにこれまでのプロセスの中でデザイナーのように考えてきました。「形式は機能に従う」。相手に行なってほしいこと（機能）を伝えるために必要な表現（形式）を選択しました。相手にどのような情報を受け取ってほしいかを明確にし、視覚的なアフォーダンスを使用し、クラターを取りのぞき、グラフ

の中のいくつかの要素を目立たないようにし、ほかの要素を強調してきました。

　第5章で学んだ、わかりやすさと審美性に関するレッスンを活用すれば、このグラフをさらに伝わりやすいものにすることができます。具体的に言うと、つぎのとおりです。

- **文章を使って図表をわかりやすくする**。グラフのタイトルに、シンプルなフォントを使い、わかりやすく、すぐに読めるようにします。また、縦軸、横軸に軸タイトルを追加します。
- **要素を整列して美しく見せる**。グラフタイトルが中央揃えになっており、宙ぶらりんでほかの要素とまったく揃っていません。グラフタイトルは、左上端に揃えましょう。縦軸のタイトルは最上部と、横軸のタイトルは1番左のラベルと合わせましょう。そうすることで、相手がデータを見る前に、どのようにそれを読むのかがわかるようになります。

　図8.10は、これらを変更したあとのグラフです。

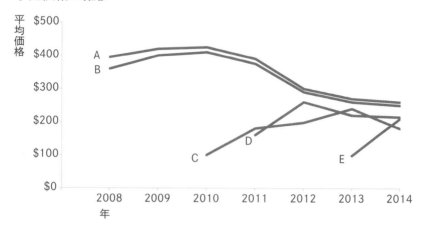

図 8.10　テキストを追加し、整列させる

レッスン⑥：ストーリーを語る

最後に、図8.10で作成した図表を使って、どのように相手にストーリーを語るかを考えます。

もしライブプレゼンテーションで、「競合環境と価格設定」というトピックで5分話す機会があったとします。つぎの流れ（図8.11から図8.19まで）はこのデータを使ってストーリーを伝える一例です。

つぎの5分間で…

目標：

1 時間の経過とともに**競合の価格が**
どのように変化したのか理解する

2 **当社製品の価格設定に**
その知識を活かす

最後に**具体的な提案**を述べます。

図 8.11

第 8 章　さあ、全体をまとめよう　205

製品AとBは$360以上の価格で2008年に発売された

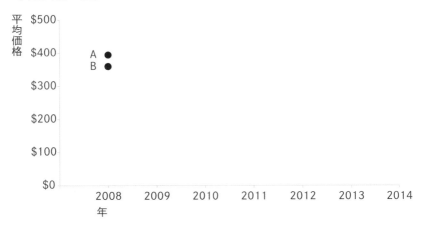

図 8.12

製品BがAの価格を若干下回る形で、しばらくおおよそ同じ金額で推移

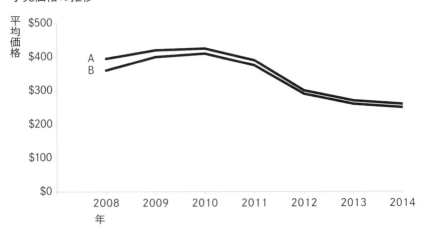

図 8.13

2014年には、製品A、Bはそれぞれ$260と$250に収束した

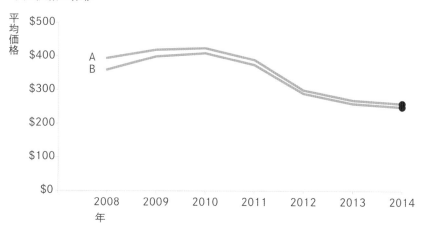

図 8.14

後発製品C、D、Eは、はるかに低い価格で投入された

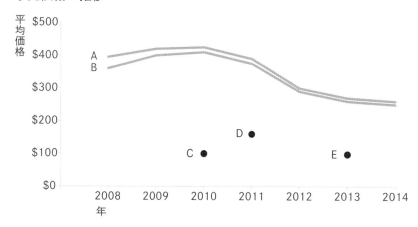

図 8.15

しかし、どの製品も販売開始以降、**価格を上げた**

小売価格の推移

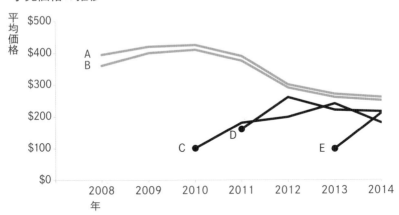

図 8.16

この市場における新製品は、**まず価格が上昇し、**その後、時間の経過とともに**下落する傾向にある**

小売価格の推移

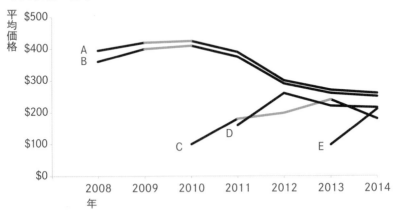

図 8.17

2014年の時点では、小売価格は平均で**$223**まで収束した。
価格の範囲は**$180（製品C）から$260（製品A）**まで

小売価格の推移

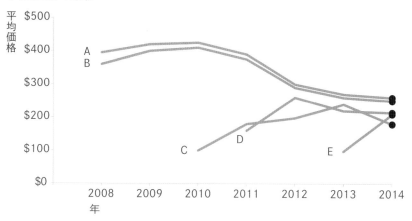

図 8.18

競争力を持つためには、*平均の$223より下の*
$150-$200の間で製品を発売すべき

小売価格の推移

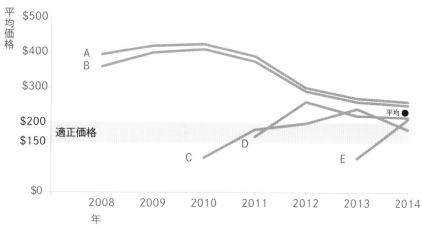

図 8.19

第8章　さあ、全体をまとめよう　209

それでは、この一連の流れについて考えてみましょう。まず相手に、プレゼンテーションで話す内容を伝えることから始めます。つぎのスライドに移動する前にこのようなナレーションがあってもよいでしょう。

「ご存知のとおり、現在の市場は競合製品が5つあります。それらの製品の価格推移を時系列でご説明します。製品C、D、Eがそれぞれ発売されたときは、既存の小売価格を大きく下回ったため、競争環境に緊張が走りました。その後、価格は収束していきます。このトレンドをふまえて、最後に自社製品の価格設定について提案します」

ストーリーの中の特定の場所に相手の注意をひくことにより、相手をリードします。そのために、関連するポイントのみを表示する、強調したり、ほかのものを背景と同化させる、よく考えられた言葉を使うといったことをします。

ここでは、1つの図表を使って、ストーリーを伝える例を見てきました。多くのグラフを使って、より広範囲に渡ったプレゼンテーションをする際も、ここでの学びを活用することができます。その場合には、すべてを結びつける包括的なストーリーを考えてください。より大きなプレゼンテーションでは、この章で見てきたような特定のグラフにひもづいた個別のストーリーは、大きなストーリーラインの中のサブプロットと考えることができます。

まとめ

1つの例を通して、データを使ってストーリーを伝えるプロセスを最初から最後まで見てきました。まず、コンテキストをしっかりと理解することから始めました。そして適切な視覚表現を選択し、クラターを取りのぞきました。意図したところに相手の注意を向けさせるために、無意識的視覚情報を使いました。デザイナーになりきって、図表をよりわかりやすくするために言葉を加え、より美しくするために整理しました。

魅力的な話を作り、ストーリーを語りました。

図8.20で前と後の図表を比べてみましょう。

 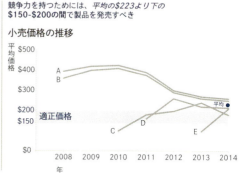

図 8.20　修正前と修正後

ここで学び、採用したレッスンによって、単にデータを見せるだけから、**データを使ってストーリーを語れる**ようになりました。

第 9 章

ケーススタディ

　ここまでの章で、データを使って効果的にコミュニケーションをとる基礎がすでに身についていることでしょう。この章では、ケーススタディを通じて、データビジュアライゼーションで起こりうる課題への対応方法を検討します。

　具体的には、つぎのようなポイントを見ていきます。
・濃い背景色を使うときの色使い
・アニメーションの活用
・ロジカルなデータの並べ方
・スパゲッティグラフ（絡まったグラフ）を回避する方法
・円グラフの代替案

　ケーススタディの中で、これまで学んできたさまざまな手法を使いますが、説明する内容は、これらの特定のポイントに限定されています。

ケーススタディ①：濃い背景色を使うときの色使い

データを使ったコミュニケーションでは、通常は白以外の背景色はおすすめしません。簡単なグラフを、白、青、黒の背景にした場合、どのように見えるか検証してみましょう。図9.1を見てください。

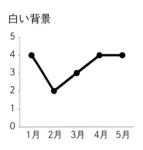
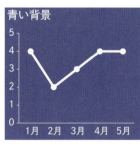
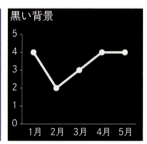

図 9.1　背景色が白、青、黒のグラフ

図9.1の青と黒の背景のグラフの印象をひと言で説明するとしたら、どのような単語が思い浮かびますか？　私の印象は「重い」です。白い背景だと、簡単にデータに集中できます。一方で、濃い背景色だと背景に目がいき、データへの注目がそれてしまいます。

暗い背景色に薄い色の要素は、より強いコントラストを作りますが、一般的に読みにくくなります。そのためできるだけ色がついた背景は避けるようにしましょう。

ときには、会社やクライアントのブランドとそれに対応したテンプレートを使わなければいけない、という場面もあります。これは、実際に私があるコンサルティングプロジェクトで直面した課題でした。

当初、私はその問題に気づきませんでした。できあがった資料がクライアントグループの成果物と合っていないことに気づいたのは、もとの資料に最初の改良を終えたあとでした。彼らのテンプレートは、まだら

な黒の背景に、明るい、派手な色が差し込まれた大胆なものでした。それに比べて私の資料はおとなしい感じに見えました。

図9.2は、従業員調査の結果を示した私が作成した当初のグラフです。

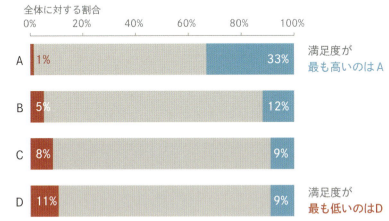

図 9.2　白い背景で重要部分を強調する

クライアントのブランドにより合ったものを作成するために、クライアントが使用していたのと同じ、暗い背景色を使って改良版を作り直しました。そのためには、自分の通常の思考プロセスを逆にする必要がありました。

白を背景にするときには、色が白から遠ければ遠いほど目立ちます（つまり黒は非常に目立ち、グレーはそこまで目立たない）。黒の背景でも、同じことが言えますが、黒が基準色になります（グレーはそこまで目立たない、白は非常に目立つ）。

一般的に白の背景では、使わないことになっているいくつかの色（たとえば黄色）が、黒の背景だと非常に注目を集めます（この例では黄色を使用しませんでしたが、ページでは使用しました）。

図9.3は、「クライアントのブランドに合わせて変更した」バージョンです。

図9.3　暗い背景色で変更したもの

内容はまったく同じですが、図9.2に比べて図9.3がどのように見えるか注意して見てください。これは、色が全体的なトーンに影響することを示すよい例です。

ケーススタディ②：アニメーションの活用

データを使ったコミュニケーションで、よく直面する難しい問題の1つは、プレゼンテーションと報告書で同じ資料が使われることです。

ライブプレゼンテーションで内容を表示するときは、関連する場所のみを表示し、集中して相手にストーリーを伝えたいものです。しかし、事前に配付する資料、持ち帰り資料、または欠席者に回覧される資料は、説明する人なしで成立していなければなりません。つまり、資料自体に十分な情報量が含まれている必要があります。

まったく同じ内容の資料が、両方の目的のために使われることがよくあります。そうすると、ライブプレゼンテーションとしては詳細すぎ（大きなスクリーンに投影される場合は特に）、回覧される資料としては詳細が不足しているものができてしまいます。これは、第1章で簡単にふれた「スライデュメント」を作りだします。部分的にプレゼンテーション、部分的に回覧用資料では、どちらのニーズもきちんと満たせません。

　つぎの例では、アニメーションを使って、プレゼンテーションと回覧用資料の両方のニーズを満たす方法を紹介します。

　たとえば、オンラインソーシャルゲームを作る会社で働いていたとしましょう。オンラインゲーム「ムーンビレ」のアクティブユーザーが年月とともに増えたというストーリーを伝えたいと思っています。

　図9.4を使用して、2013年後半のゲームの発売以降の成長について話をします。

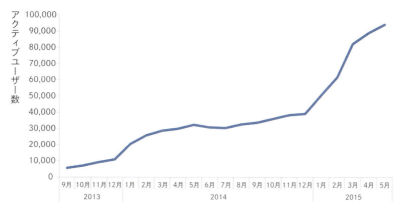

図 9.4　もとのグラフ

しかし、このデータだけを見せると、相手の注意をコントロールできなくなるリスクがあります。データのある部分について話をしているときに、相手はまったくほかのところを見てしまう可能性があります。時系列に話をしたくても、相手は2015年の急激な増加に注目して、何がそれを引き起こしたのかと疑問に思うかもしれません。そのときは、もはや相手はあなたの話を聞いていません。

　そこで代替案があります。グラフを説明するために、アニメーションを活用するのです。まず空白のグラフから開始します。それによって、すぐにデータを見て解釈し始めるのではなく、こちらのペースで相手がグラフを見ていくようにします。この方法であれば相手に期待を持たせ、注意を保つことができます。そして自分の論点に関連するデータのみを見せたり、強調したりすることによって、話している間、相手の注意をコントロールします。

　私だったら、つぎのように説明するでしょう。

「本日は、ムーンビレユーザーの増加という、すばらしい成果についてお話しします。いま私たちが見ているグラフを紹介いたします。このグラフの縦軸は、アクティブユーザーの数を表わします。これは、過去30日間のユニークユーザー数として定義しています。横軸に沿って、2013年後半の発売から今日まで、時間の経過とともにユーザー数がどのように変化したかを見てみましょう」

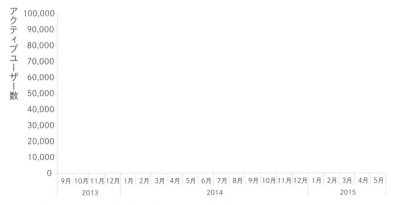

図 9.5

「2013年9月にムーンビレを発売しましたが、アクティブユーザーは当初わずか5,000人しかいませんでした。グラフ左下の青い点で示したところです」

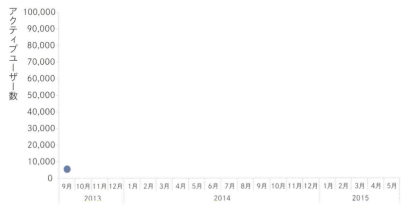

図 9.6

「ゲームに対する初期の反応は、よいも悪いとも言えないものでしたし、マーケティング活動もほとんど実施していなかったにもかかわらず、つぎの4か月でアクティブユーザー数はほぼ倍増し、12月の終わりには約11,000人にまでなりました」

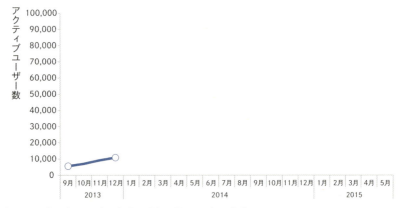

ムーンビレ：アクティブユーザー数の推移

出所：ABCレポート「アクティブユーザー数」は過去30日間のユニークユーザー数

図 9.7

「2014年の初めには、アクティブユーザー数が急速に伸びていきました。これはゲームの認知度を高めるために、この期間に友人や家族に向けて実施したプロモーションの成果でした」

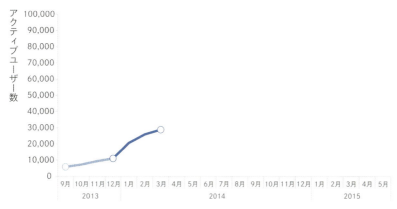

図 9.8

「2014年の残りの期間は、マーケティング施策をすべてやめ、ゲームの品質改善に集中したため、成長はゆるやかになりました」

ムーンビレ：アクティブユーザー数の推移

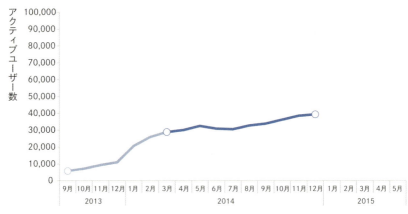

出所：ABCレポート 「アクティブユーザー数」は過去30日間のユニークユーザー数

図 9.9

「一方、今年の結果は予想をはるかに上回りました。改良、刷新されたゲームは、口コミで一気に広がりました。ソーシャルメディアとの連携は、アクティブユーザー数を増加し続けるために有効だということもわかりました。最近の成長率だと、この6月に10万のアクティブユーザー数を達成できる見込みです」

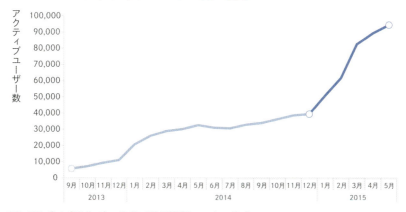

ムーンビレ：アクティブユーザー数の推移

出所：ABCレポート「アクティブユーザー数」は過去30日間のユニークユーザー数

図 9.10

プレゼンテーションを聞き逃した人や、フォローアップ用の資料として図9.11に示すように、直接線グラフ上に話の要点を付け加えたものを使用します。

図 9.11

　これはライブプレゼンテーション用と回覧用の両方のニーズを満たす資料を作る方法です。この方法では、自分自身が語るストーリーをよく知っている必要があります。スライドに頼らず、ナレーションできるようにすることが不可欠であることに注意してください（いつでも心がけるべきことですが）。

　プレゼンテーションソフトウェアを使っている場合は、アニメーションを使って1枚のスライドに上記のすべてを入れることができます。各画像は進行に合わせて、表示したり、消したりできます。最後の注釈つきのバージョンをいちばん上にし、それが印刷されるようにします。こうすれば、プレゼンテーションと回覧用の両方で、同じ資料を使い回せます。別の方法として、各グラフを1枚ずつスライドにのせ、ページをめくっていくこともできます。この場合は、最後の注釈つきページのみを回覧用に使用します。

ケーススタディ③：ロジカルなデータの並べ方

情報を表示する順序にはロジックが必要です。

これはおそらくいまさら言うまでもない、当たり前のことでしょう。しかし、ロジカルに見えるものでも、実際に読んだり、聞いたり、声に出したりしてみると、しばしばロジカルでないことに気づきます。

これは一般的にあてはまることですが、ここでは、特定の例にしぼって説明します。

まず、背景情報として多機能な製品を販売する会社で働いているとしましょう。最近、ユーザーがその製品の各機能を使用しているかどうか、またどの程度満足しているのかを知るために調査し、そのデータを活用したいと考えています。最初に作成するグラフは、図9.12のようになるでしょう。

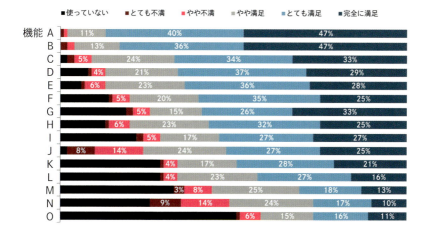

図9.12　ユーザー満足度を示すもとのグラフ

図9.12は、機能名を機能A、機能Bなどに置き換えたこと以外は、実際のグラフと同じです。このグラフをよく見ると、「完全に満足」と「とても満足」というグループを足した降順に並べられていることがわかります（グラフ右側の青緑と濃い青緑色のセグメント）。これはグラフのどこが重要かを示唆しています。しかし、色としては、真っ黒の「使っていない」のセグメントが一番目立ちます。また、いったん立ち止まってデータが示しているものをよく考えた場合、もしかしたら不満のある分野が最も重要かもしれません。

　ここでの問題は、この図表にストーリーと「だから何？（結論）」が不足していることです。このデータのさまざまな側面に注目すれば、異なるストーリーを語ることができます。データの並べ方を検討するという視点で、いくつかのストーリーを見てみましょう。

　最初に、ユーザーが最も満足しているところを強調するという、前向きなストーリーを考えてみます。図9.13を参照してください。

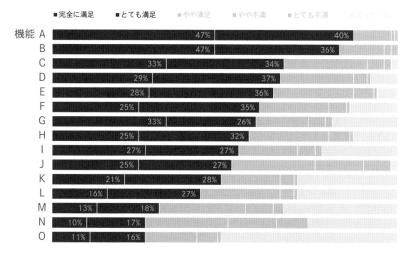

図9.13　ポジティブなストーリーを強調する

　図9.13で、「完全に満足」と「とても満足」を足したものをもとのグラフと同じように降順に並べました。しかし、色やグラフ内のセグメントの位置を、左から右に見るときに最初にそれが目に入るように工夫するなど、視覚的に変更を加えて、よりわかりやすくしました。また、見るべきところを明確に伝えるアクションタイトルをのせました。

　順序、色、配置、言葉などの使い方しだいで、異なるストーリーを語ることもできます。たとえば、ユーザーが満足していない点について強調したストーリーです。図9.14を見てください。

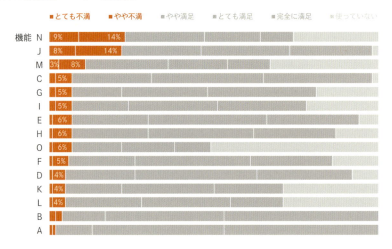

図 9.14　不満をハイライトする

　ここで見るべき本当のストーリーは、もしかすると「使っていない」機能だとも考えられます。それも図9.15のように強調して表示できます。

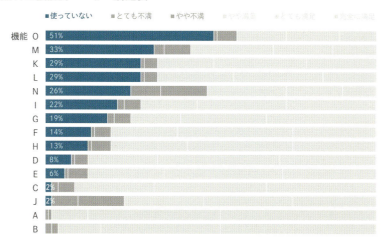

図 9.15 使われていない機能を強調する

図9.15では、各棒グラフの中にそれぞれの満足度を見ることもできますが、より目立たない色を選択しているため、2次的な比較要素となっています。

一方で「使っていない」セグメントが見るべきところだということが明確になっています。

もしこれらのいずれかのストーリーを伝えたいなら、これまで見てきたように、順序、色、配置、言葉などを活用して相手の注意をひくことができます。もしこの3つのストーリー全部を伝えたい場合は、少し異なるアプローチをおすすめします。

一度見せたグラフの中の順序を変えてまた相手に見せることは、あま

りよいアイデアとは言えません。そうしてしまうと、第3章で説明したように、本来は避けるべき不必要な認知的負荷を相手に与えることになるからです。まず、基本となるグラフを作成して、同じ順序を維持しましょう。そうすれば、相手は詳細を一度だけ理解すればすみます。色を戦略的に使用して、一度に1つのストーリーを伝えましょう。

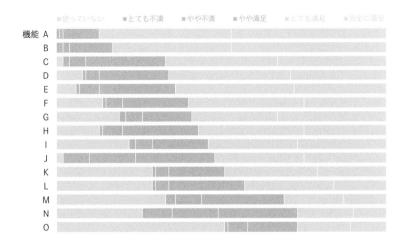

図 9.16　基本のグラフを用意する

図9.16は、何も強調していない、基本となるグラフです。相手が何を見ているのかを説明するのに、このバージョンを使います。もし私がプレゼンテーションをするとしたら、このように始めるでしょう。
「このグラフは『商品の各機能について、お客様はどれくらい満足していますか?』という質問に対する回答であり、右端の『完全に満足』という答えから、左端の『使っていない』という範囲での回答を表わしたものです」(右側は正、左側は負の要素という自然な関連づけを活用)。

そこで私は説明をいったん止め、それぞれのストーリーへと続けます。

最初に、ユーザーが最も満足している機能を強調するストーリーから始めます。このバージョンでは、異なる濃さの青を活用して、満足しているユーザー全体と、最も満足度の高い機能AとBにおける割合を強調しました。そしてA、Bに関するコメントを、同じ色で関連づけました。図9.17を見てください。

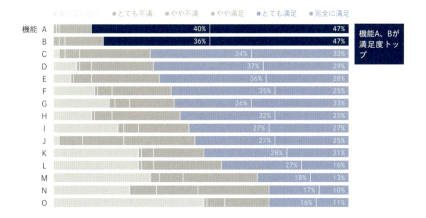

図 9.17　ユーザー満足度

続いて、棒グラフの反対側、ユーザーが満足していない割合に焦点を当てます。ここでも特定のポイントを強調しています。図9.18を参照してください。

ユーザー満足度は機能によって異なる

製品Xの機能別ユーザー満足度

「各機能にどのくらい満足していますか？」という質問に対する回答
データにコンテキストを持たせるためには詳細（調査人数、回答割合、人口統計学、調査時期）が必要

図 9.18　ユーザーの不満

　図9.18で、強調されている機能の相対的な順序を読み取ることは、降順に並べてあったときのように（図9.14）簡単ではありません。左や右の基準線に沿って整列されていないからです。しかし、不満のある場所（機能JとN）が、ほかのカテゴリーに比べて大きく、色で強調もされているので、簡単に見つけることができます。そして、それを文章でも強調するために、コメントを追加しました。

　最後に、同じ順序を維持しながら、未使用の機能にも相手の注意を向けることができます。図9.19を参照してください。

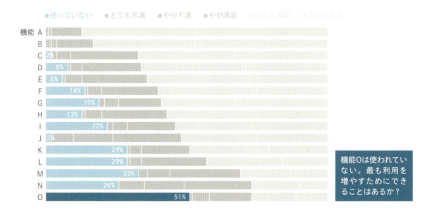

図 9.19　使われていない機能

　図9.19では、対象セグメントがグラフの左側の基準線に沿っているため、（そのカテゴリーが上から下にきちんと昇順になっていなくても）順番を簡単に読み取れます。ここでは、グラフのいちばん下にある機能Oを目立たせます。最初に決めた順序を維持するので、機能Oをいちばん上に置くことはできません（相手がいちばん最初に見る場所）。代わりに大胆な色とコメントで、グラフの下部に注意をひきます。

　ここまでが、私がライブプレゼンテーションで使うスライドです。使用する色を制限し、戦略的に使うことで、相手の注意をすぐに1つの要素に向けることができます。もし相手に印刷した資料を渡す場合は、図9.20に示すような、単一の包括的な図表にまとめてもいいでしょう。

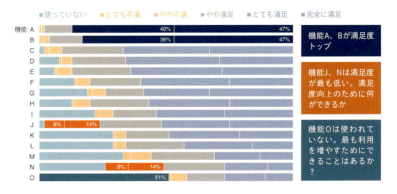

図 9.20　全体像

　図9.20を見るとき、私の目はページ全体を何回も「Z」型にジグザグ動きます。まずグラフのタイトルの太字「機能」が目に入ります。つぎに、濃い青の棒グラフに目がいき、続いて隣の濃い青のテキストボックスにいきます（ここの記載文章は守秘義務の観点から説明的な文章になっていますが、本来はより深い洞察を提供するために使用します）。そして、オレンジ色のテキストボックスを読み、左をちらりと見て、その内容を裏づけるグラフに目をやります。最後に、いちばん下の青緑のグラフを見て、それを説明するテキストを読みます。色の使い方を工夫することにより、それぞれのデータシリーズを分けて見せつつ、関連するデータがどこにあるのかが明確になっています。

　図9.20では、強調した特定のポイントに注意が強くひかれるため、相手はこのデータからほかの結論を導くのが難しくなります。繰り返し論じてきたように、何かを伝えたいのであれば、相手に結論を導かせてはいけません。図9.20は、ライブプレゼンテーションには情報量が多すぎ

ますが、回覧される資料としては機能するでしょう。

　以前にも述べましたが、いくつかのケースでは、データにおける固有の順序があることに注意してください。たとえば、機能の代わりに、カテゴリーが年齢（0-9、10-19、20-29、など）であった場合は、年齢の数字順を維持する必要があります。これは、相手が情報を解釈する際の重要な構造となるからです。その場合はほかの方法（色、配置、吹き出し文など）を使って、注目させたい場所に注意を向けさせましょう。

　つまり、データの並べ方には、ロジックが必要だということです。

ケーススタディ④：スパゲッティグラフの回避方法

　私は食べることが大好きですが、食べ物の名前がついたグラフは大嫌いです。円グラフ（パイチャート）に対する私の考えは十分にお話ししました。ドーナツグラフも最悪です。スパゲッティグラフもそのリストに追加したいと思います。

　もしスパゲッティグラフを知らないとしても、おそらく一度は見たことがあるはずです。スパゲッティグラフは、線が重なりあって、読み解くのが難しくなっている線グラフです。図9.21のようなものです。

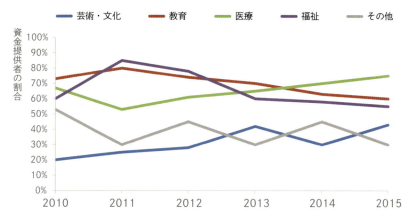

資金提供者による自主回答。複数回答可のため100%を超えている

図 9.21　スパゲッティグラフ

　図9.21のようなグラフは、誰かが調理途中のスパゲティをひと握りつかみ、地面に投げたような形をしているので、スパゲッティグラフと呼ばれています。そして、このようなグラフは、床に投げられたスパゲッティと同じくらい役に立ちません。

　多くの線が交差して混乱しているため、1つの線に集中するのがとても難しくなっています。

　スパゲッティグラフを回避する方法があります。ここでは3つの方法を紹介し、図9.21と同じデータに適用してみます。図9.21は、特定分野の資金提供者が支援する非営利団体の種類についてのグラフです。
　まず、すでに紹介したアプローチを使ってみます。無意識的視覚情報を使用して、一度に1つの線を強調する方法です。つぎに、それぞれの線を空間的に分離させた方法を使ってみましょう。最後に、これらの2つのアプローチを統合した方法を見てみます。

一度に1つの線を強調

スパゲッティグラフがごちゃごちゃになりすぎないようにする1つの方法は、無意識的視覚情報を利用して、一度に1つの線に注目を集めることです。

たとえば、医療関連の非営利団体に寄付をする資金提供者の割合が増加していることに注意を集めたい場合は、図9.22のようにします。

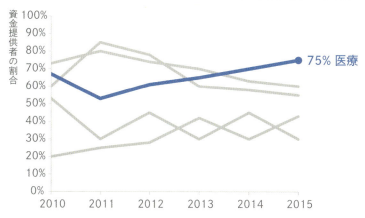

図9.22　1つの線を強調する

同じ方法を使って、資金提供者の割合の減少を強調してみましょう。図9.23を見てください。

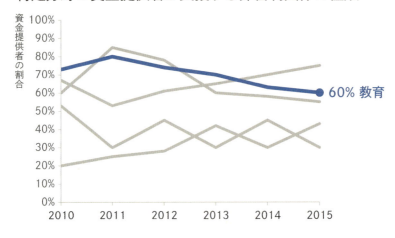

資金提供者による自主回答。複数回答可のため100%を超えている

図 9.23　別の線を強調する

　図9.22と図9.23では、色、線の太さ、追加されたマーク（データマーカーとデーターラベル）は、集中すべき場所に相手の注意をひくための視覚的な手がかりとして活用されています。この方法はライブプレゼンテーションでうまく機能します。

　まずグラフの読み方を説明し、つぎにそれぞれのデータをこのような形で強調し、何が、どのようにおもしろく、注意を払うべきかについて説明します。

　この方法では、なぜそのデータを強調しているのかを伝えるナレーションや追加のテキストが必要であることに注意してください。

空間的に分離させる

　スパゲッティグラフは縦、または横に分けることができます。まずは、縦にほどいたバージョンを図9.24で見てください。

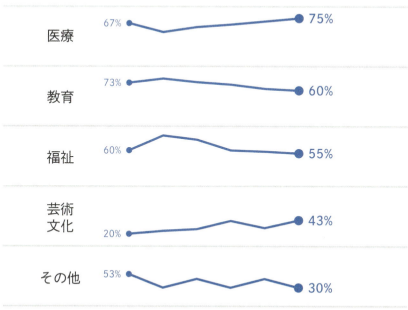

資金提供者による自主回答。複数回答可のため100%を超えている

図 9.24　縦に分けるアプローチ

　図9.24では、同じ横軸（上部に表示された年）がすべてのグラフで使われています。この例では、5つの別のグラフを作成しましたが、それらが単一のグラフのように見えるように工夫してあります。各グラフ内の縦軸は表示されていません。代わりに、開始と終了点のラベルが十分なコンテキストを提供し、軸が不要となるようにされています。表示はされていませんが、各線または点の相対的な位置を比較できるように、それぞれの最小値と最大値が同じであることも重要です。もしこれらをさらに縮小した場合、データビジュアライゼーションの専門家であるエドワード・タフテが著書『Beautiful Evidence』（2006）で「スパークラ

第9章　ケーススタディ　239

イン」と呼んでいるもの、つまり軸なしで書かれた非常に小さな線グラフ、データの全体の形状を示すように調整されているものになります。

このアプローチは、特定のカテゴリー（保健、教育など）の傾向を見ることが、カテゴリー間の比較よりも重要であることを前提としています。そうでない場合は、図9.25のように、横にデータを分離させることを検討してみてもよいでしょう。

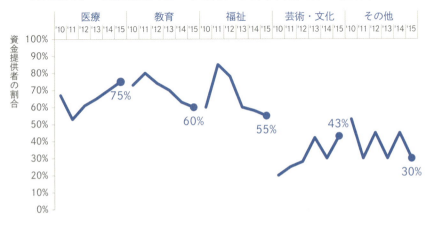

図9.25　横に分ける

図9.24では、5つのカテゴリーを通して、1つの横軸を活用しましたが、図9.25では、同じ縦軸（資金提供者の割合）を5つのカテゴリーを通して使っています。ここでは、さまざまなデータ系列の相対的な高さが、より容易に比較できます。2015年の資金提供者の割合が最も高いカテゴリーが医療で、やや低いのが教育、さらに福祉となっていることが簡単にわかります。

複合アプローチ

　最後の選択肢は、これまで説明してきたアプローチを組み合わせる方法です。ほかの線も残して目立たせないようにしつつ、空間的にそれぞれを離して一度に1つの線を強調することができます。前のアプローチと同様に、縦方向（図9.26）または横方向（図9.27）に分離させて見せることができます。

　図9.27のような小さなグラフがたくさんある状態は、時に「小さなマルティプル」と呼ばれます。前述のように、強調しているデータをさまざまなグラフを通して簡単に比較できるようにするには、各グラフの詳細（横軸と縦軸の最小値と最大値）が同じであることが不可欠です。

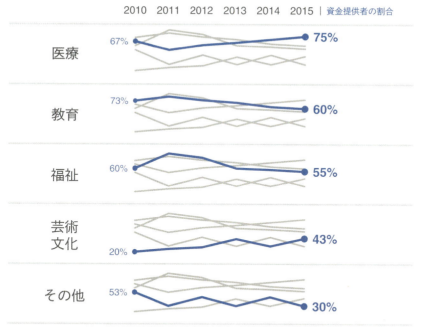

図 9.26　縦に分ける複合アプローチ

特定分野の資金提供者が支援する非営利団体の種類

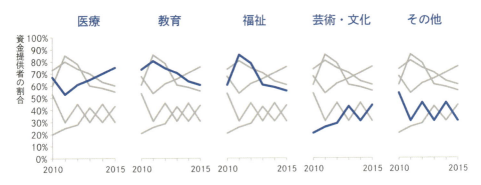

資金提供者による自主回答。複数回答可のため100%を超えている

図 9.27　横に分ける複合アプローチ

　図9.26と図9.27に示したものは、データの全体像が大切だけれども、一度に1つの線に集中したいときに有効です。その情報密度の高さから、この組み合わせのアプローチは、ライブプレゼンテーションよりも（相手の視線を意図するところに集めるのがより難しい）、回覧されるレポートにより適していると言えるでしょう。

　ここでも「正しい」答えは1つではありません。むしろ、状況によって最適な解決策は異なります。もしスパゲッティグラフに直面しても、そこで止まってはいけません。最も伝えたい情報は何か、どんなストーリーを伝え、どんな表現がそれを効果的に実現できるかを考えてください。場合によっては、より少ないデータを見せることかもしれません。自問してください。すべてのカテゴリーが必要ですか？　すべての年が必要ですか？　表示されるデータの量を減らすことが、問題を解決するかもしれません。

ケーススタディ⑤：円グラフの代替方法

　第1章で紹介した、理科の夏の学習プログラムについてのシナリオを思い出してください。簡単にまとめると、つぎのような内容です。あなたは小学2年生と3年生の間で理科に対するイメージの向上を目的とした夏休みの試験的プログラムを開催しました。そのプログラムの終了時に、アンケート調査を行ないました。予算獲得を要望するにあたり、パイロットプログラムが成功であった証拠として、その調査結果を使用したいと考えています。図9.28は、このデータをグラフにしたものです。

調査結果：夏期理科自習プログラム

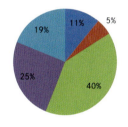
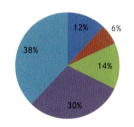

図9.28　もとの図

　調査データは、理科に対するイメージが改善されたという点で、試験的プログラムは大成功だった、ということを示しています。試験的プログラムの前（図9.28左）は、理科に対して「普通」と感じている生徒が1番大きいセグメントでした（40％の切片）。おそらく彼らはまだ理科が好きか嫌いか決めかねている状態だったのでしょう。ところが、プログラムの後（図9.28右）には、「普通」と答えたセグメントが40％から14％にまで縮小していることがわかります。「つまらない」（青）と「あまり好きではない」（赤）はそれぞれ1％ずつ上昇していますが、変化の

大部分は、プラスの方向に動きました。プログラム参加後、生徒たちの約70％（紫と青緑）が理科について一定のレベルの関心を示しました。

　第2章で、円グラフに対する私の評価はすでに述べたので、理解してもらえると思いますが、図9.28は、このストーリーに悪影響をおよぼします。たしかに、図9.28からストーリーを読み取ることはできますが、そのためには2つの円のセグメントを比較するわずらわしさを克服する必要があります。これまで議論してきたように、相手が情報を取得するための作業を少なく、もしくは完全になくしたいのであって、彼らを困らせるようなことはしたくないのです。別のグラフを選べば、このような問題を回避できます。

　それでは、このデータを表現する4つの代替案を見てみましょう。
　直接数字を見せる、単純な棒グラフ、積み上げ横棒グラフ、坂グラフ（スロープグラフ）です。それぞれのポイントについて説明します。

代替案 1：直接数字を見せる

　ポジティブな印象が増えたことが主なメッセージである場合、伝える
ものをそれだけに絞るのも1つの案です。図9.29を参照してください。

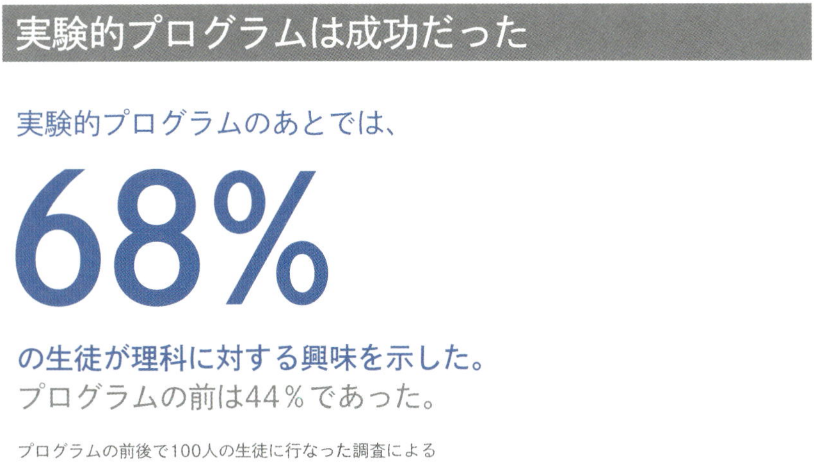

実験的プログラムは成功だった

実験的プログラムのあとでは、

68%

の生徒が理科に対する興味を示した。
プログラムの前は44％であった。

プログラムの前後で100人の生徒に行なった調査による

図 9.29　直接数字を見せる

　しばしば私たちは、すべてのデータを入力しなければいけないと思い
こんでしまい、図9.29に示したような、1つまたは2つの数字を直接伝
えるシンプルなコミュニケーションの力を見落とすことがあります。た
だ、もう少しデータを見せる必要があると感じるならば、ほかの代替案
を検討してみましょう。

代替案 2：単純な棒グラフ

　2つのことを比較するときは、できるだけ比べやすくするために、そ
の2つのものをできるだけ近くに配置し、共通の基準線に揃える必要が
あります。単純な棒グラフを使えば、グラフの下部にある基準線に沿っ
て、プログラム前後のアンケート結果を並べて表示することができます。
図9.30を見てください。

第9章　ケーススタディ　**245**

試験的プログラムは成功だった

理科についてどのように感じますか？

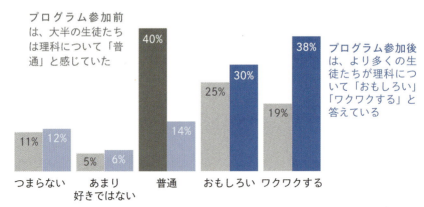

プログラムの前後で100人の生徒に行なった調査結果

図 9.30　シンプルな棒グラフ

　私はこのグラフが特に気に入っています。このレイアウトだと、データポイントのすぐ横に説明のテキストボックスを配置することができます（ほかのデータは薄い色で目立たなくなっています）。また、参加前と参加後が主要な分類となっているため、この方法だと2色（グレーと青）使うだけですむからです。

代替案3：100%積み上げ横棒グラフ

　全体に占める割合が重要な場合には（代替案1でも、2でも表現できない）、100%積み上げ横棒グラフで表現できます。図9.31を見てください。100%積み上げ横棒グラフでは、比較を容易にする一貫した基準線がグラフの左と右側にあります。そのため、2つの棒グラフの左側にあるネガティブなセグメントと、右側にあるポジティブなセグメントを簡単に比べられます。一般的に100%積み上げ横棒グラフは調査データを視覚化するのに便利な方法です。

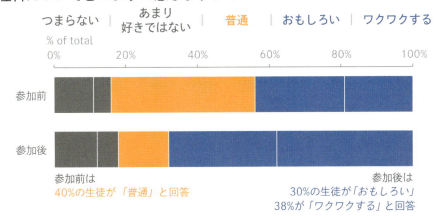

図 9.31　100％積み上げ棒グラフ

　図9.31では、直接棒グラフにデータラベルを書き込むのではなく、横軸を残しました。横軸を残すと、上の目盛りを使って左から右または右から左のどちらからでも読むことができるからです。この例では、ネガティブな端（「つまらない」と「あまり好きではない」）と、ポジティブな端（「おもしろい」と「ワクワクする」）の参加前と参加後の変化の数値を知ることができます（図9.30）。代替案2の棒グラフでは、軸を省略し、グラフに直接ラベルをつけました。これは異なるデータの見せ方が異なるデザインの選択をもたらすことを示しています。相手にどのようにそのグラフを使ってもらいたいかを考え、それに応じてデザインを検討しましょう。別の状況では、別の選択がよいこともあるでしょう。

代替案 4：スロープグラフ

　最後の代替案はスロープグラフ（坂グラフ）です。シンプルな棒グラフの場合と同様に、スロープグラフでは明確な全体像、また全体に占め

る割合は示せません（最初の円グラフや100％積み上げ横棒グラフのように）。

　スロープグラフでは、カテゴリーを特定の方法で並べておくことも重要です。さまざまなカテゴリーが各データの値に応じて配置されるので、スロープグラフは必ずしもいつも最良というわけではありません。図9.32の右側で、ポジティブな評価のセグメントは正しい順序になっていますが、いちばん下の「つまらない」と「あまり好きではない」の順序は、それぞれの値に応じて並べられているため、通常の順番と逆になっています。もしカテゴリーの順序を守る必要がある場合は、単純な棒グラフか100％積み上げ棒グラフを使用しましょう。

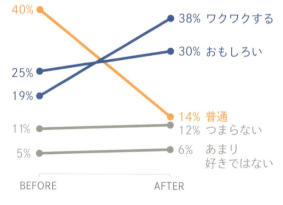

図9.32　スロープグラフ

　図9.32のスロープグラフでは、それぞれの線の傾きによって、各カテゴリーの参加前から参加後のパーセンテージの変化を簡単に把握するこ

とができます。いちばん増加したカテゴリーが「ワクワクする」（急な傾き）であり、著しく減少したカテゴリーが「普通」であることが一目瞭然になっています。

相手にどのように情報を受け取ってもらいたいか、そしてどんなポイントを強調したいかなど、その状況次第では、これらの代替案はどれも最高の選択肢となりえます。ここでの学びは、円グラフ以外にも多くの代替案があるということです。

まとめ

この章では、データを使ってコミュニケーションをする際に発生する一般的な課題に対する解決策を紹介しました。もちろん、ここにのっていない課題に直面することもあるでしょう。しかし、それらの課題の解決に向けて、問題を特定し、適切に分析し、最適解にたどりつくための方法を考える過程で、ここまで紹介した「答え」以上のものを学べるはずです。これまで強調してきたように、データビジュアライゼーションでは、正しい解決策は1つではありません。

さらに例を見たい場合は

こでま検討したようなケーススタディをもっと見たい場合は、私のブログ storytellingwithdata.com をチェックしてください。私たちが学んだレッスンを活用したたくさんのビフォーアフターの例を紹介しています。

進むべき方向がわからないような状況に陥ったら、つねに同じ戦略をおすすめします。いったん止まって、コミュニケーションの相手について考えてみるのです。

相手に何を確認または実行してもらう必要がありますか？　どのようなストーリーを伝えたいですか？

これらの質問に答えれば、データの提示すべき方向性が明らかになるでしょう。見つからない場合は、いくつかの表現を試してみて、ほかの人にフィードバックを求めましょう。

私からあなたへの宿題は、いまあなたが直面している多様なデータビジュアライゼーションの課題に、これまで学んできたレッスンやクリティカルシンキングのスキルをどのように適用できるかを考えることです。データでストーリーを語る責任、そしてそこから生まれるチャンスはあなたのものです。

第 10 章

最後に

　データビジュアライゼーション、そしてデータを使ったコミュニケーションは、科学と芸術の交わるところにあります。科学に関わる部分では、本書で説明してきたような、従うべきベストプラクティスとガイドラインが存在します。一方で芸術的要素も確実に存在します。それがこの分野がおもしろい理由の1つです。

　データビジュアライゼーションは本質的に多様です。同じ問題に対しても、さまざまな人々がさまざまな方法でアプローチし、それぞれがさまざまな解決策を考え出すでしょう。これまで見てきたように、正しい答えは1つではありません。データを使って効果的にコミュニケーションをとる方法は、潜在的に複数のやり方があるのです。芸術的なセンスを使い、相手が情報を理解しやすくするために、本書で紹介してきたレッスンを応用して自分自身のやり方を発展させていってください。

　ここまでで、データを使って効果的に伝えるための多くのエッセンス

を紹介しました。この最終章では、このつぎにすべきことへのヒントと、チームや組織のデータを成果につなげるスキルとストーリーテリングのスキルを向上させる戦略を説明します。最後に、これまで紹介してきたレッスンをおさらいし、確実にデータを使ってストーリーを語れるようにしていきましょう。

つぎにすることは？

　データを使って効果的なストーリーを語る方法を学んだあとは、それをどのように現実に適用するかです。スキルを確実に習得するには、練習、練習、そして練習です。本書で学んだ内容を仕事の中で使える機会を探してください。それは0か1かという二択ではありません。進歩するためには、既存の仕事や進行中の案件の中で改善を積み上げることが大切です。そして可能な範囲で、データを使ったストーリーテリングのプロセスを、最初から最後まで適用できないかも検討してみてください。

　ここからどこへ進めばよいのか、具体的なステップとして、最後に5つのヒントをお話しします。ツールを習得し、繰り返し活用し、フィードバックを求め、十分な時間をとり、ほかの例からインスピレーションを求め、しかし、最後に大切なのは、楽しむことです。

　それでは、それぞれのヒントについて見ていきましょう。

ヒント①：ツールを習得する

　ここまで、ツールについての議論を意図的に避けてきました。本書で紹介してきたレッスンは基本であり、どのようなツール（たとえば、エクセルやタブローなど）でもさまざまなレベルで適用できます。

　データを使ったコミュニケーションで、ツールが制約要因にならないようにしてください。1つのツールを選んで、その使い方をできるだけ習得するよう努めましょう。学び始めたばかりであれば、基本を覚えるための研修コースが役立つかもしれません。でも、私の経験上、ツール

を習得する最良の方法は、使うことです。使い方がわからなくても、あきらめないでください。そのツールを使い続け、グーグルを使って解決方法を探しましょう。あなたの意思にもとづいてツールを使えるようになるのであれば、それまでに経験するどんなフラストレーションも価値があります。

　データを表現するときには、派手なツールは必要ありません。この本の中で見てきた例は、ビジネス分析で、最も普及しているマイクロソフトのエクセルで作成しています。

　私は、データ分析には主にエクセルを使用していますが、それが唯一の選択肢ではありません。世の中にはたくさんのツールがあります。以下は、データ表現のために使用される、人気のあるツールのリストです。

● Google スプレッドシートは、無料で、オンラインで、共有可能で、複数の人が編集できます。ただし、グラフフォーマットの制約があり、要素を整理し意図するところに注意をひくという点で、紹介したレッスンのいくつかには対応していません。

● タブローは、探索的分析に適した人気のあるツールです。データからすぐに複数の見せ方を試すことができ、また見栄えのよいグラフを作成することができます。ストーリーポイントの機能を使って、説明的分析にも活用できます。特徴としては、高価であることがあげられますが、公開サーバーにデータをアップロードすることに問題なければ、無料のタブローパブリックを使うことができます。

● プログラム言語のR、D3（JavaScript）、プロセシング、パイソンなどは、かなりの学習を必要としますが、より柔軟であり、グラフの特定の要素をコントロールでき、また、コードを介して再現することもできます。

● エクセルやプログラム言語とともにアドビのイラストレーターを使う人もいます。より簡単にグラフの要素が操作でき、プロフェッショナルな見た目になります。

第 10 章　最後に　　253

パワーポイントの使い方

私にとっては、パワーポイントは配付資料を整理したり、大画面に表示したりするためのツールです。つねに完全に真っ白なスライドからスタートして、内蔵されているフォーマットは使いません。それらのフォーマットは内容をプレゼンテーションからテレプロンプター（カンペ）にしてしまうからです。

パワーポイントで直接グラフを描くこともできますが、私はあまりその機能は使いません。エクセルには、柔軟性があります。たとえば、グラフに加えて、ほかの視覚的要素も入れることができます。具体的には、タイトルや軸ラベルなどを直接セルに入力できます。この柔軟性があるため、私はエクセルで図表を作成し、パワーポイントに画像として貼り付けます。文章をグラフと一緒に使う場合は、パワーポイントのテキストボックスを使います。

パワーポイントのアニメーション機能も、第8章や、第9章のケーススタディで見たように、同じグラフを使って順々にストーリーを語る際に役立ちます。パワーポイントでアニメーションを使う際には、シンプルに消えたりついたりする機能（時に「透明」も役立ちます）のみを使います。要素が飛んだり、フェードしたりする機能を使うのは避けましょう。それはプレゼンテーションソフトにおける3Dグラフであり、不必要で、邪魔なものだからです。

もう1つ、このリストに入れなかったデータビジュアライゼーションの基本ツールは、紙です。それはつぎのヒントにもつながります。

ヒント②：試行錯誤し、フィードバックを求める

　本書では、データを使ったストーリーテリングを最短で習得できるように解説してきました。しかし、現実はそうではありません。初期のアイデアから最終的な解決策を作るまでには、数々の試行錯誤を要します。たとえば特定のデータを視覚化する最良の方法がわからない場合は、真っ白の紙から始めましょう。こうすれば、ツールやツールの習得度の制約なしにブレインストーミングをすることができます。

　候補となりうる図表をスケッチし、それらを並べ、メッセージを伝えるためにいちばんよい方法を決めましょう。コンピュータで書いたものに比べて、紙の上に書いたもののほうがあまり愛着を感じずに作業できます。また、白紙に書くと、何かが解放され、新しいアプローチを発見できることもあります。

　基本的なアプローチを紙に書いたら、今度はどんなリソースが使えるかを考えましょう。ツール、または実際にグラフを作成してくれる社内外の専門家について検討しましょう。

　エクセルなどのグラフ作成アプリケーションで、グラフを作成していて、「よい」から「すばらしい」ものにしようとしているときには、私が「検眼医のアプローチ」と呼んでいるものを活用できます。

　グラフの1つのバージョン（Aと呼びます）を作り、つぎにそのコピー（B）を作成し、1つの変更を加えます。そして、AとBのどちらがよいかを判断します。わずかに違う2つのグラフを隣同士に置くと、どちらがより優れているかすぐにわかります。このように改善させていき、最新の「最良」のグラフを保存し、そのコピーに小さな変更を加えることを続け（そうすることで、変更が悪い方向にいったとしても1つ前のバージョンに戻ることができる）、理想的なグラフに近づけていきます。

　最良の見せ方がわからなかったら、どの時点でもフィードバックを求めましょう。データビジュアライゼーションでは、友人や同僚の新鮮な

第10章　最後に　255

目は、非常に貴重です。誰かに図表を見せて、彼らの思考プロセスを説明してもらいましょう。何に注意がいったか、どんな観察をしたか、どんな質問か浮かんだか、ポイントをよりうまく伝えるために、彼らが持っているアイデアを確認しましょう。これらの洞察は、作成した図表が的を射ているかどうか、またそうでない場合に、どこを変更し、改良すべきかを教えてくれます。

　試行錯誤を成功させるために、何よりも必要になることが1つあります。それは、時間です。

ヒント③：十分な時間を費やしましょう

　本書で説明してきたものは、すべて時間がかかります。コンテキストをしっかり理解するための時間、相手を動機づけるものを理解するための時間、3分ストーリーを作る時間、ビッグアイデアを考える時間がかかります。データを分析し、最高の見せ方を決定するためにも時間がかかります。クラターを整理し、注意をひき、改善し、フィードバックをもらい、そしてさらによい図表を作るには時間がかかります。すべてをストーリーにまとめて、包括的、かつ魅力的なナレーションを作るには時間がかかります。

　これらのすべてをうまく実行するには、さらに時間を要します。

　データを使ったストーリーテリングを成功させるためには、十分な時間を確保することが重要です。時間とそれにともなう予算がかかることを意識していないと、時間はすべて分析プロセスに使われてしまうでしょう。

　典型的な分析プロセスはつぎのようなものです。質問または仮説からスタートし、データを集め、それをきれいに整理し分析します。それが終わったら、データをグラフにして、「完了」としてしまいます。

　しかし、このアプローチは、自分自身とデータを正当に扱っていると

は言えません。グラフ作成アプリケーションのデフォルト設定は、だいたい理想からかけ離れています。ツールは、本書で紹介しているようなストーリーを知りません。最後のステップ、つまりコミュニケーションのステップに十分な時間が費やされない限り、これら2つのことが組み合わさって多くの潜在的な価値を失うリスクがあります。

　コミュニケーションのステップは、全体のプロセスを通して、相手が目にする唯一の部分です。この重要なステップに時間を割きましょう。あなたが考えるよりもずっと時間がかかることをふまえ、試行錯誤し、ちゃんとしたものを作るための十分な時間を確保しましょう。

ヒント④：よい例を通してインスピレーションを得る

　真似は最高の賞賛です。自分が好きだと思う、図表やグラフを使ったストーリーテリングの例を見つけたら、どうすればそのアプローチを自分のケースに応用できるか検討しましょう。何がそれを効果的にしているのかを一瞬立ち止まって考えてみましょう。それらのコピーをとり、インスピレーションを得るためのビジュアルライブラリーを作成しましょう。よい例やよいアプローチをどんどん真似しましょう。

　人は専門家や達人を真似することによって学びます。美術館で、スケッチブックとイーゼルを持っている人を見かけるでしょう。彼らは偉大な作品を真似することで、学んでいるのです。私の夫はジャズサックスの演奏を習得する間、繰り返しプロの演奏に耳を傾けました。彼は完全に音符を繰り返すことができるまで、ときに1小節ごとにゆっくりした速度で再生しました。データビジュアライゼーションでも同様で、すばらしい例をお手本として活用することはきわめて有効です。

　よい例がたくさんのっているすばらしいブログやリソースが数多く存在します。つぎに示すのは私の個人的なお気に入りです（私自身のものも入っています）。

- **Eager Eyes**（eagereyes.org、Robert Kosara）：データビジュアライゼーションとストーリーテリングに関するよく考えられた内容

- **FiveThirtyEight's Data Lab**（fivethirtyeight.com/datalab、複数のライター）：広い範囲のニュースや時事トピックとミニマリズムのグラフ

- **Flowing Data**（flowingdata.com、Nathan Yau）：データビジュアライゼーションの豊富な例。会員になるとプレミアムコンテンツが見られる

- **The Functional Art**（thefunctionalart.com、Alberto Cairo）：インフォメーショングラフィックスに関する入門編、簡潔なアドバイスと例

- **TheGuardianDataBlog**（theguardian.com/data、複数のライター）：イギリスのニュース放送局による、記事とグラフをともなったニュース関連のデータ

- **HelpMeViz**（policyviz.com/helpmeviz、Jon Schwabish）：グラフを提出して、読者からのフィードバックを受けたり、アーカイブを見て、例と関連するコメントを見ることができる

- **Junk Charts**（junkcharts.typepad.com、Kaiser Fung）：自称「ウェブ上の最初のデータ評論家」で、何がよいグラフを作るのかとグラフの改善方法に焦点を当てている

- **Make a Powerful Point**（makeapowerfulpoint.com、Gavin McMahon）：プレゼンテーションを作り、データを見せるための、楽しく簡単に読める内容

- **Perceptual Edge**（perceptualedge.com、Stephen Few）：不要な内容をのぞき、筋の通ったデータビジュアライゼーションを作る方法を紹介

- **VizWiz**（vizwiz.blogspot.com、Andy Kriebel）：データビジュアライゼーションのベストプラクティス、すでにある仕事を改善するための方法、タブローソフトウェアを使用するためのヒントなど

- **storytellingwithdata**（storytellingwithdata.com）：データを使って効果的に伝えることにフォーカスした私のブログ。多くの例と、継続的な対話

これらはほんの一例です。世の中にはほかにもたくさんのすばらしい
コンテンツがあります。私たちは、この分野で優れた仕事をしているほ
かの人から学び続けることができます、

すばらしくない例からも学ぶ

デ ータビジュアライゼーションの悪い例からも、よい例から学
べるのと同じくらい多くのことを学べます。つまり、何をし
てはいけないかを学ぶことができます。悪い例もまた、本当にたく
さんありますので、それを集め、批判し、からかうためのサイトも
存在しています。WTF Visualizations (wtfviz.net) を見てみてくだ
さい。何の意味もなしていない図表の例が掲載されています。デー
タビジュアライゼーションの悪い例に遭遇したら、ただそれを認識
するだけでなく、いったん立ち止まって、何が悪いのか、またどの
ように改善させることができるかを考えてみてください。

本書を読んだ、あなたは情報のビジュアライゼーションについて、す
でに優れた目を持っているはずです。以前と同じようにグラフを見るこ
とはありません。ワークショップのある参加者は、「洗脳された」と表現
しました。データビジュアライゼーションの表現を見ると、その有効性
を評価せずにはいられないのです。このような話を聞くのは私にとって
うれしいものです。「ひどいグラフをこの世界からなくす」という私の目
標に向かって前進していることがわかるからです。あなたも同じよう
に、データビジュアライゼーションの自分自身のスタイルを作るために
学び続け、よい例を活用し、悪い例の落とし穴を避けることができます。

ヒント⑤：楽しんで自分のスタイルを見つけよう

　データについて考えるとき、ほとんどの人にとっておそらく最も遠いところにあるのは、創造性です。しかし、データビジュアライゼーションには、明らかに創造性が必要となる領域があります。データは、息を呑むほど美しいものにすることができます。新しいアプローチを試し、遊びを取り入れることを恐れないでください。時間をかけて、何がうまく機能し、何がうまくいかないかを学び続けるのです。

　また、自分自身のデータビジュアライゼーションのスタイルができてきているのに気づくかもしれません。たとえば、私の夫は、私が作った（関わった）グラフはわかると言います。クライアントのブランドが、何かほかのものを求めない限り、私はすべてをグレーで書き、ミニマリスト的なスタイルで青を控えめに使います。また、つねに昔ながらのArialフォントを使います。

　しかし、これらの特定の要素を真似しなければいけないということではありません。私自身のスタイルは、個人的な好みと、異なるフォント、色、グラフの要素などの試行錯誤を経て学んだことを反映したものです。私はいまでも、昔作ったグレーと白のグラデーションの背景に、オレンジ色をとりいれすぎた残念なグラフを思い出すことがあります。私も長い道のりを歩んできました。

　データを使ってコミュニケーションをとるときには、独自のスタイルを発展させ、創造性を発揮させることを恐れてはいけません。会社のブランドもまた、データビジュアライゼーションのスタイルを発展させる役割があります。会社のブランドを考慮して、それを自分のスタイルに統合することができないか考えてみましょう。ただし、そのアプローチとスタイルは、相手によりわかりやすいものにしなければいけません。

　ここまで、あなた自身のつぎのステップに進むヒントとなる具体的方法をいくつか紹介してきました。つぎは、ほかの人がデータを使ってストーリーを構築できるようにするためのアイデアを見てみましょう。

データを使ってストーリーを伝えるスキルを組織で磨く

　これまで紹介してきたレッスンを学んで応用すれば、誰もがデータを使ってコミュニケーションをとる力が向上すると私は強く信じています。しかしながら、この分野でほかの人よりも多くの関心と適性を持っている人もいます。チームや組織内で、データを使って効果的にコミュニケーションをとる力を育てるための方法があります。それは、全員をスキルアップさせる、専門家に投資する、またはデータビジュアライゼーションのプロセスを外部委託する、というものです。それぞれについて簡単に説明しましょう。

全員をスキルアップさせる

　これまで話してきたように、データビジュアライゼーションは分析プロセス中の1ステップです。アナリスト（分析者）は、一般的にほかのステップ（データを見つけ、それをまとめ、分析し、モデルを構築するといった）に役立つ理数系の専門知識を持っていますが、分析を伝えるためのデザインについては、正式なトレーニングを受けているわけではありません。また、分析の専門知識を持っていない人も、分析し、データを使ってコミュニケーションをすることが求められています。

　これらのグループ両方が、基礎知識を学ぶことはよい結果をもたらします。トレーニングに投資するか、本書で紹介したレッスンを活用しましょう。後者のやり方として、具体的なアイデアを紹介します。

- ●データを使ったストーリーテリングクラブ：本書を1章ごとに読み、一緒に議論し、仕事の中でそのレッスンを適用できる具体的な例を見つけましょう。
- ●ワークショップの開催：本書を読み終えたら、あなた自身がワークショップを行ないます。チームでデータを使ったコミュニケーションの例をあげてもらい、それらがどのように改善できるかを議論します。

- **改善月曜日**：1週間に一度、学んだレッスンを活用して、あまりよくない例を作り直すようにしましょう。
- **フィードバックの輪**：個人同士が進行中の仕事を共有し、データを使ってストーリーを語る方法を使って、お互いにフィードバックを行ないましょう。
- **コンテスト**：個人またはチームがデータを使った効果的なストーリーテリングの独自の例を提出する、月次または四半期ごとのコンテストを開催します。その後、コンテストの受賞者のよい例を集めてギャラリーを作りましょう。

　これらの方法は、単独でも組み合わせても、データを使ったストーリーテリングと効果的なビジュアライゼーションへの努力を継続させてくれます。

内部の専門家に投資して育成する

　もう1つのアプローチは、チームや組織内でデータビジュアライゼーションに興味がある1人または2人（もしすでにいくつかの自然な適性を示していたらなおよい）に投資して、彼らを組織内の専門家に育てる方法です。ブレインストーミングやフィードバック、ツールを使ううえでの課題を克服するために相談できる、社内コンサルタントの役割を彼らに任せてください。

　ここでいう投資とは、書籍、ツール、コーチング、ワークショップ、または、コースなどにあたります。学び、練習する時間と機会を提供しましょう。これはその人たちにとっても、評価され、キャリアを構築するうえでもすばらしい経験になります。個々人が学習を続け、その内容をほかの人と共有することで、チーム全体も継続して成長できるようにしましょう。

外注する

　状況によっては、外部の専門家に資料作成を依頼することが、理にか

なっている場合もあります。もし時間やスキルの制約が大きすぎる場合は、プレゼンテーションやデータビジュアライゼーションのコンサルタントを検討する価値があるかもしれません。あるクライアントは、翌年に何度か行なう重要なプレゼンテーションのデザインを私に依頼しました。基本となる資料ができれば、さまざまな機会に合わせて自分たちで小さな変更を加えることができるとわかっていたからです。

外部委託の最大の欠点は、内部でその課題に取り組んだ場合と同じようには、スキルを育てられないことです。これを克服するためには、委託プロセスの間、コンサルタントから学ぶ機会を探してください。その結果をほかの作業の出発点にすることができないか、また時間をかけて内部の能力を開発できないかを検討してみてください。

複合アプローチ

私の経験では、この領域で最も成功したチームや組織は、複合的なアプローチをとっていました。彼らはデータを使ってストーリーを語る重要性を理解しており、誰もが効果的なデータビジュアライゼーションの基礎知識を学ぶためのトレーニングと練習をしました。また、ほかの人が課題を克服するために頼ることができる内部の専門家を育て、サポートしています。彼らはさらに学ぶために、時に外部の専門家を活用します。効果的にデータを使ってストーリーを語る価値を認識し、この能力を構築するために投資しているのです。

この本を通して、私はチームや組織がデータを使ってコミュニケーションをとる際に必要な基礎的な知識を伝えてきました。今度はあなたが、ほかの人の能力を向上するために、これまで学んだレッスンを活用して貢献できないかを考えてみてください。

それでは、これまで通ってきた道のりを、おさらいしてみましょう。

第 10 章　最後に　263

おさらい

　文脈を理解し、クラターを取りのぞき、相手の注意をひいて、骨太な
ストーリーを語るために、本書の中で多くのことを学びました。デザイ
ナーになりきり、また相手の目を通して物事を見てきました。この本で
は紹介してきた主なレッスンはつぎのようなものです。

1．**コンテキストを理解します**。誰に伝えるのか、何を知ってもらう必
　要があるのか、どのように伝えるのか、どのようなデータが必要か、
　明確に理解することが必要です。3分ストーリーや、ビッグアイデア、
　そしてストーリーボードのような方法を使って、ストーリーを明確に
　し、望ましい内容、また流れを設計しましょう。

2．**効果的な表現を選択します**。1つ、2つの数字を強調するのであれば、
　単純なテキストが最適です。折れ線グラフは、通常、連続したデータ
　に適しています。棒グラフは、カテゴリー別データに適していて、ゼ
　ロから始まる基準線が必要です。見せたいものから、グラフのタイプ
　を選択しましょう。円グラフ、ドーナツグラフ、3Dグラフ、そして第
　2縦軸は読みにくいため、避けてください。

3．**不必要な要素を取りのぞきます**。価値ある情報を付加しない要素を
　見つけ、グラフから取りのぞきましょう。人がものを見る方法を理解
　し、減らすべきものを識別するために、ゲシュタルトの法則を活用し
　ましょう。戦略的にコントラストを使用しましょう。要素を整列し、
　空白を残すことで、そのグラフを読むことが快適な体験となるように
　します。

4．**意図するところに注意を向けさせます**。色、サイズ、配置などの無
　意識的視覚情報を使って、何が重要かを示します。戦略的な強調を活
　用して、見てもらいたいところに相手の注意をひき、グラフの中を導
　きます。「どこに目がいきますか？」という質問をすることで、資料の
　中の無意識的視覚情報の有効性を検証しましょう。

5．**デザイナーのように考えます**。視覚的アフォーダンスを使って、グ
　ラフをどのように見ればよいのかというヒントを相手に与えましょ

う。重要なものを強調し、不必要なものを削除することで、視覚的階層を作りましょう。複雑にせず、説明のテキストも活用して、デザインをよりわかりやすいものにしましょう。図表を美しいものにすることによって、相手の許容度を高めます。デザインに対して相手の支持を得るように働きかけます。

6．**ストーリーを伝えます**。明確な始まり（設定）、中間（ひねり）、終わり（アクションへの呼びかけ）を持つストーリーを作りましょう。相手の注意をつかみ、維持するために、衝突と緊張を活用しましょう。ナレーションの方法と順序を考えてみましょう。繰り返しの力を使って、ストーリーが相手の記憶に残るようにしましょう。垂直方向と水平方向のロジック、逆ストーリーボード、新鮮な目を使って、ストーリーが明確に伝わるようにしましょう。

　これらのレッスンが一連の流れになって、データを使ったコミュニケーションを成功に導きます。

まとめ

　初めて本書を開いたときにあなたが感じていたかもしれない、データコミュニケーションに対する不安がいまは軽減されていることを願っています。

　あなたはすでに、データビジュアライゼーションに必要な強固な基盤と、真似すべき例、具体的な手順を習得しています。そして、新たな視点も得ています。もう以前と同じようにデータを見ることはないでしょう。「ひどいグラフをこの世界からなくす」という私の目標にあなたも貢献しています。

　データの中にはストーリーがあります。あなたがこの学びの旅の前にその確信がなかったとしても、いまはそう思えることを願っています。学んできたレッスンを使って、明確なストーリーを伝えてください。よ

第10章　最後に　　**265**

りよい意思決定に貢献し、相手を行動へとうながしましょう。あなたは二度とデータだけを見せることはないでしょう。情報を加えて、行動を誘う、よく考えてデザインされたビジュアルを作成するでしょう。

　さあ、データを使ってストーリーを語りにいきましょう！

ビブリオグラフィ

Arheim, Rudolf. *Visual Thinking*. Berkeley, CA: University of California Press, 2004.

Atkinson, Cliff. *Beyond Bullet Points: Using Microsoft PowerPoint to Create Presentations that Inform, Motivate, and Inspire*. Redmond, WA: Microsoft Press, 2011.

Bryant, Adam. "Google's Quest to Build a Better Boss." *New York Times*, March 12, 2011.

Cairo, Alberto. *The Functional Art: An Introduction to Information Graphics and Visualization*. Berkeley, CA: New Riders, 2013.

Cohn, D'Vera, Gretchen Livingston, and Wendy Wang. "After Decades of Decline, a Rise in Stay-at-Home Mothers." *Pew Research Center*, April 8, 2014.

Cowan, Nelson. "The Magical Number Four in Short-Term Memory: A Reconsideration of Mental Storage Capacity." *Behavioral and Brain Sciences* 24 (2001): 87–114.

Duarte, Nancy. *Resonate: Present Visual Stories that Transform Audiences*. Hoboken, NJ: John Wiley & Sons, 2010.

ナンシー・デュアルテ『slide:ology［スライドロジー］プレゼンテーション・ビジュアルの革新』（熊谷小百合訳、ビー・エヌ・エヌ新社、2014年）

Few, Stephen. *Show Me the Numbers: Designing Tables and Graphs to Enlighten.* Oakland, CA: Analytics Press, 2004.

Few, Stephen. *Now You See It: Simple Visualization Techniques for Quantitative Analysis.* Oakland, CA: Analytics Press, 2009.

Fryer, Bronwyn. "Storytelling that Moves People." *Harvard Business Review,* June 2003.

Garvin, David A., Alison Berkley Wagonfeld, and Liz Kind. "Google's Project Oxygen: Do Managers Matter?" Case Study 9–313–110, *Harvard Business Review,* April 3, 2013.

Goodman, Andy. *Storytelling as Best Practice,* 6th edition. Los Angeles, CA: The Goodman Center, 2013.

Iliinsky, Noah, and Julie Steele. *Designing Data Visualizations.* Sebastopol, CA: O'Reilly, 2011.

Klanten, Robert, Sven Ehmann, and Floyd Schulze. *Visual Storytelling: Inspiring a New Visual Language.* Berlin, Germany: Gestalten, 2011.

Lidwell, William, Kritina Holden, and Jill Butler. *Universal Principles of Design.* Beverly, MA: Rockport Publishers, 2010.

McCandless, David. *The Visual Miscellaneum: A Colorful Guide to the World's Most Consequential Trivia.* New York, NY: Harper Design, 2012.

Meirelles, Isabel. *Design for Information.* Beverly, MA: Rockport Publishers, 2013.

Miller, G. A. "The Magical Number Seven, Plus or Minus Two: Some Limits on Our Capacity for Processing Information." *The Psychological Review* 63 (1956): 81–97.

D.A.ノーマン『誰のためのデザイン？ 増補改訂版—認知科学者のデザイン原論』（岡本明・安村通晃・伊賀聡一郎・野島久雄訳、新曜社、2015年）

ガー・レイノルズ『プレゼンテーションzen』（熊谷小百合訳、丸善出版、第 2 版 2014年）

Robbins, Naomi. *Creating More Effective Graphs.* Wayne, NJ: Chart House, 2013.

Saint-Exupery, Antoine de. *The Airman's Odyssey.* New York, NY: Harcourt, 1943.

アネット・シモンズ『プロフェッショナルは「ストーリー」で伝える』（池村千秋訳、海と月社、2012年）

Song, Hyunjin, and Norbert Schwarz. "If It's Hard to Read, It's Hard to Do: Processing Fluency Affects Effort Prediction and Motivation." *Psychological Science* 19 (10) (2008): 986–998.

ジュリー・スティール、ノアイリンスキー『ビューティフルビジュアライゼーション』（増井俊之監修・牧野聡訳、オライリージャパン、2011年）

Tufte, Edward. *Beautiful Evidence.* Cheshire, CT: Graphics Press, 2006.

Tufte, Edward. *Envisioning Information.* Cheshire, CT: Graphics Press, 1990.

Tufte, Edward. *The Visual Display of Quantitative Information.* Cheshire, CT: Graphics Press, 2001.

Tufte, Edward. *Visual Explanations: Images and Quantities, Evidence and Narrative.* Cheshire, CT: Graphics Press, 1997.

Ware, Colin. *Information Visualization: Perception for Design.* San Francisco, CA: Morgan Kaufmann, 2004.

Ware, Colin. *Visual Thinking for Design.* Burlington, MA: Morgan Kaufmann, 2008.

スーザン・ワインチェック『インターフェースデザインの心理学―ウェブやアプリに新たな視点をもたらす100指針』（武舎広幸・武舎るみ・阿部和也訳、オライリー・ジャパン、2012年）

ドナ・ウォン『ウォールストリート・ジャーナル式 図解表現のルール』（村井瑞枝訳、かんき出版、2011年）

Yau, Nathan. *Data Points: Visualization that Means Something.* Indianapolis, IN: John Wiley & Sons, 2013.

Yau, Nathan. *Visualize This: The FlowingData Guide to Design, Visualization, and Statistics.* Indianapolis, IN: John Wiley & Sons, 2011.

カバーイメージ：Cole Nussbaumer Knaflic
カバーデザイン：krran（西垂水敦・坂川朱音）
DTP：初見弘一（TOMORROW FROM HERE）

コール・ヌッスバウマー・ナフリック

銀行やプライベートエクイティでの分析業務で活躍後、Googleに入社。Googleに約5年間在籍し、「ビジュアライゼーション」の講座を担当、世界各国のGoogleで教えてきた。ただのデータを「情報」に変え、本質を見抜き、アクションへとつなげる手法を説く。ワシントン大学で応用数学の学士とMBAを修得。2013年、Googleを退社。ブログstorytellingwithdata.comを立ち上げ、人気を博す。「ひどいパワーポイントを世界からなくす」をミッションに、企業や非営利団体でビジュアルコミュニケーションの研修やワークショップを行なう。

村井瑞枝（むらい　みずえ）

株式会社キルン代表取締役。世界トップクラスのアートスクールで学び、JPモルガン、ボストンコンサルティンググループにてキャリアを積んだ異色のコンサルタント。辻調理師専門学校にて調理師免許取得後、米国ブラウン大学に入学、アートを専攻する。在学中、イタリアボローニャ大学、「美大のハーバード」と呼ばれるRhode Island School of Design（RISD）に姉妹校留学し、アートを学ぶ。大学卒業後は、JPモルガンを経て、ボストンコンサルティンググループにアソシエイトとして入社。10,000枚以上のプレゼン資料を作成し、図解技術を習得。訳書に『ウォールストリート・ジャーナル式　図解表現のルール』（かんき出版）、著書に『図で考えるとすべてまとまる』（クロスメディア・パブリッシング）などがある。

Google流 資料作成術

2017年2月20日　初版発行
2018年2月20日　第3刷発行

著　者　コール・ヌッスバウマー・ナフリック
訳　者　村井瑞枝
発行者　吉田啓二

発行所　株式会社 日本実業出版社　東京都新宿区市谷本村町3-29 〒162-0845
　　　　　　　　　　　　　　　　　大阪市北区西天満6-8-1 〒530-0047
　　　　編集部 ☎03-3268-5651
　　　　営業部 ☎03-3268-5161　　振　替　00170-1-25349
　　　　　　　　　　　　　　　　　http://www.njg.co.jp/

印刷・製本／図書印刷

この本の内容についてのお問合せは、書面かFAX（03-3268-0832）にてお願い致します。
落丁・乱丁本は、送料小社負担にて、お取り替え致します。

ISBN 978-4-534-05472-2　Printed in JAPAN

日本実業出版社の本

「今、ここ」に意識を集中する練習
心を強く、やわらかくする「マインドフルネス」入門

ジャン・チョーズン・ベイズ 著　高橋由紀子 訳
定価 本体 1600 円（税別）

グーグルをはじめとした先端企業で取り入れられている「マインドフルネス」が53の練習で手軽に実践できる。「今、ここ」に意識を集中すると、過去の出来事にくよくよして後悔することも未来への不安もなくなり、仕事と人生のパフォーマンスが劇的に変わる！

メルセデス・ベンツ「最高の顧客体験」の届け方

ジョゼフ・ミケーリ 著　月沢李歌子 訳
定価 本体 1850 円（税別）

メルセデス・ベンツは変化の激しい市場で「顧客満足」でもトップになるために、「最高の顧客体験を届ける」プロジェクトに踏み切った。スターバックス、リッツ・カールトンをはじめ「顧客体験」をテーマにしたベストセラー著者が改善のプロセスを克明に描く。

クリエイターズ・コード
並外れた起業家たちに共通する6つのエッセンシャル・スキル

エイミー・ウィルキンソン 著　武田玲子 訳
定価 本体 1700 円（税別）

急成長するスタートアップ起業家たちには共通する成功法則があった！　約200名の起業家たちを直接取材して導き出した、ゼロから1をクリエイトし、世界を席巻する秘訣とは？　スティーブ・ジョブズの伝記作家、ウォルター・アイザックソンら激賞の邦訳書！

定価変更の場合はご了承ください